学生本位 学科本色 思维本质
——「三本」让英语回归语言教育的根本

陈迪 ◎ 著

东北师范大学出版社

长春

图书在版编目（CIP）数据

学生本位　学科本色　思维本质："三本"让英语回归语言教育的根本 / 陈迪著. — 长春：东北师范大学出版社，2020.12
ISBN 978-7-5681-7411-4

Ⅰ.①学… Ⅱ.①陈… Ⅲ.①英语课—教学研究—中学 Ⅳ.①G633.412

中国版本图书馆CIP数据核字（2020）第260945号

| □责任编辑：孟　贺 | □封面设计：言之凿 |
| □责任校对：田　野 | □责任印制：许　冰 |

东北师范大学出版社出版发行
长春净月经济开发区金宝街118号（邮政编码：130117）
电话：0431-84568115
网址：http：//www.nenup.com
北京言之凿文化发展有限公司设计部制版
北京政采印刷服务有限公司印装
北京市中关村科技园区通州园金桥科技产业基地环科中路17号（邮编：101102）
2022年6月第1版　　2022年6月第1次印刷
幅面尺寸：170mm×240mm　印张：10.25　字数：225千

定价：45.00元

目录

第一章 绪 论

第一节 理论背景 ·· 1
　一、教育的目的 ·· 1
　二、社会发展对人才需求衍生的教育观 ···························· 3
　三、人才的核心素养分析 ·· 7

第二节 现实意义 ·· 10
　一、英语人才的需求 ·· 10
　二、学科的育人价值 ·· 11
　三、面临的改革现状 ·· 12

第二章 概 述

第一节 学生本位 ·· 25
　一、人的问题——以人为本是教育的本性 ······················ 25
　二、本位的问题——学生本位是教育本性的具体表现 ·········· 26
　三、英语教育的"学生本位" ···································· 29

第二节 学科本色 ·· 33
一、语言的本质 ·· 33
二、学科的本色 ·· 35

第三节 思维本质 ·· 45
一、思维能力的概述及分类 ······································ 45
二、思维能力的重要性 ·· 45
三、学习的本质就是思维 ·· 46

第三章 实 施

第一节 课堂建模——"诊断式课堂" ································ 57
一、基本环节 ·· 57
二、建模情况 ·· 57

第二节 教学特色 ·· 63
一、我的教学风格解读 ·· 63
二、我的成长历程 ·· 64
三、我的课堂实录解读 ·· 68

第三节 教学策略 ·· 72
一、葆有童心：努力做学生的好朋友 ······························ 72
二、激趣引思：把学生带进英语学习的乐园 ························ 73
三、互动生成：追求真实有效的课堂 ······························ 74

第四节 好课三味 ·· 76
一、第一味是"正味" ·· 76
二、第二味是"人味" ·· 77

三、第三味是"隽味" ··· 78

第五节　课堂实录 ··· 79
　　一、多元阅读课例 ··· 79
　　二、探究式读写课 ··· 88

第六节　无画处皆成妙境 ··· 98
　　一、我的"留白"教学思想 ··· 98
　　二、我的教学思想凝练过程 ··· 99
　　三、我的"留白"教学思想之解读 ·································· 102
　　四、"留白"教学思想的课堂实录 ·································· 106
　　五、我的教学风格：简约、灵动、融合 ······························ 115
　　六、我的教学随感 ·· 120

第一章

绪 论

第一节 理论背景

一、教育的目的

1. 一则广告引发的思考

2014年,一则励志广告《人生不是马拉松》火遍大江南北。

人生不是一场马拉松。

这比赛谁定的?这终点谁定的?

该跑去哪才好?该跑去哪边才对?

有属于自己的路。自己的路?真的有吗?

我不知道。

我们还没看过的世界,大到无法想象。没错!

失败又怎样?

绕点路也没关系,也不用跟人比。

路不止一条,终点不止一个。

有多少人就有多少可能。

人生各自精彩,谁说人生是一场马拉松?

广告借马拉松隐喻人生,引发全社会,特别是教育工作者和家长对于教育初心的思考。大家希望我们的教育、我们的家庭、我们的孩子,不会因为走得太远而忘了为什么出发。古语有云:"不忘初心,方得始终。"作为教育工作者,我们需要定期自我拷问——教育的目的是什么?

2. 教育目的的界定

教育目的即培养人的总目标,指教育所要培养的人的质量和规格的总要求,是把受教育者培养成为什么样的社会角色和具有什么样素质的人的根本性质问题,通俗一点的解释就是把受教育者培养成什么样的人的问题。教育目的是教育实践活动的出发点,根据一定社会的生产力、生产关系和人自身发展的需要来确定。

3. 教育目的的内涵

教育的目的首先是培养人,为了人的生存和发展。其次是为社会培养人,使人不断社会化的过程。不难看出,教育目的具有两个维度的属性:一是社会属性,二是个人属性。按照价值取向,可将其分为个体本位的教育目的和社会本位的教育目的。

个体本位者认为,教育的目的在于顺应个体的自然发展,把受教育者培养成人,充分发挥受教育者的个性,增进受教育者的个人价值,个人价值高于社会价值,社会只有在有助于个体发展时才有价值,代表人物有卢梭、裴斯泰洛齐、福禄贝尔等。英国教育家艾尔弗雷德·诺思·怀特海(2012)在《教育的目的》一书中指出:"学生是有血有肉的人,教育的目的是激发和引导他们的自我发展之路。教育的根本目的是人。"个人本位的教育目的是一种"内生观",它尊重和倡导人的本性,关注人的价值、地位和需求。

社会本位者认为,个体只是教育加工的材料,个体发展必须符合社会需要,教育的目的在于把个体培养成符合社会准则的公民,以维系社会的稳定和延续,代表人物有涂尔干、纳托普、凯兴斯泰纳等。在历史上,因社会制度、民族文化传统、教育思想存在差异,社会本位的教育目的也不尽相同。在阶级社会,教育目的体现了阶级性:古希腊雅典教育要求培养身心和谐发展的人;斯巴达教育要求培养骁勇善战的人;中国古代儒家教育要求培养明人伦的士大夫。当代中国,教育必须为社会主义现代化建设服务,为人民服务,必须与生产劳动和社会实践相结合，培养德智体美全面发展的社会主义建设者和接班人。社会本位的教育目的是一种"外铄观"，它重视教育的社会价值，重视受教育者社会责任和公民意识的培养。

从教育的职能看，一方面，教育塑造人，使每个人能很好地成长和生活；另一方面，教育作为上层建筑必定受社会政治、经济和文化的制约，对社会的发展具有反作用力。所以，科学的、全面的教育目的应该是社会属性和个人属性兼具，两者融合统一。对教育而言，个人价值与社会价值没有孰轻孰重的问题，更不是孰对孰错的问题。按照《中华人民共和国教育法》的规定，教育必须为社会主义现代化建设服务、为人民服务，必须与生产劳动和社会实践相结合，培养德、智、体、美等方面全面发展的社会主义建设者和接班人。这就很好地把教育目的的社会本位和个体本位和谐统一起来。首先，我们培养的是德智体美全面发展的人，体现了对个人价值的尊重；其次，我们培养的是社会主义建设者和接班人，教育是为了让受教育者参与社会生活、成为优良公民做奠基和准备，体现了社会对人才培养的要求。需强调的是，我们在教育的实施过程中，应注意避免"钟摆效应"，既不能把教育中个人的价值凌驾于国家的需求和社会的发展之上，也不应过度强调教育的社会功能而压制人性。

二、社会发展对人才需求衍生的教育观

世界在发展，中国在发展，发展是人类社会永恒的主题。在科学技术日新月异的形势下，知识的更新速度愈来愈快、更新周期愈来愈短，社会对人才的需求也在变化，而这种变化呼唤着新的人才培养规格，呼唤着新的教育形式。从重学历到重能力，从重技能到重职业道德与价值观，"专业进取""团队协作""责任心"等作为内核的价值观成为用人的重要标准。社会对人才需求的内涵日益丰富，衍生出以下三种新的教育观：全人教育观、未来教育观、幸福教育观。

1. 全人教育观

全人教育观是"全面发展"的人才观。全面发展的人才需求催生了全人教育。全人教育（Holistic Education），顾名思义，是关于"人"的教育，兴

起于20世纪六七十年代，是一种带有强烈批判主义色彩的教育思想流派（文旭、夏云，2014）。全人教育理念最早可追溯到我国古代儒学大师孔子的教育思想。孔子认为，教育应该以培养德才兼备的"君子"为目标，而培养"君子"的途径是倡导德育和智育并重，但要以德育为根本。此外，孔子还倡导"君子不器"这一主张，意思就是君子要全面发展，具有广博的学识和才能，不能受限于一技。孔子的教育思想是"全人"教育的发端，近代著名教育家蔡元培则继承了这一思想。蔡元培在《对于新教育之意见》一文中提出了"五育并举"的教育思想，主张要培育全面发展的优秀人才。西方教育界也有类似的主张，如亚里士多德在《自由教育论》中倡导"自由人的教育"，以促进人的全面发展。现代意义上率先提出"全人教育"的是美国教育思想家隆·米勒（Ron Miller）。20世纪70年代末，隆·米勒正式提出了"全人教育"（Holistic Education），全人教育的目标是全面发展，以人的和谐、整体发展为导向，培养具备整全知识和完备人格、拥有正确价值观和积极人生态度的"全人"。"全人"是指全面发展的人，是具有主体性且能够把握自己命运的人。因此，"全人教育"强调人的整体发展，尊重个体的多样性，其目的就是培养有道德、有知识、有纪律、有能力且和谐发展的"完人"（Forbes，2003；文旭，2013；文旭、夏云，2014；文旭，2014、2016；蒋洪新、简功友，2017；文旭、滕超，2018）。新时代的全人教育理念整合了"以人为本"和"以社会为本"两种教育观点：既重视个人自身发展的需求，又兼顾社会和国家对人才的需求，力求人才培养服务于国家发展战略；既重视培养专业能力，达到"博雅精专"，又倡导"立德树人"，以求"通识通德"。习近平总书记在全国教育大会上提出："培养德智体美劳全面发展的社会主义建设者和接班人……要努力构建德智体美劳全面培养的教育体系，形成更高水平的人才培养体系。"我国从国家领导人提出的德智体美劳全面发展到社会主义核心价值观，其实都是在讲"全人教育"。全人教育观为我们全面审视和深入反思当前我国人才培养现状提供了新的视角。

2. 未来教育观

未来教育观是"面向未来"的人才观。蔡元培先生曾指出，教育见远效而非求近功。无限的过去都以现在为归宿，无限的未来都以现在为渊源。十年树木，百年树人。教育作用的发挥是一个漫长的过程，并不能一蹴而就、立竿见影。教育的这种远效性要求我们立足当下，同时面向未来，为人的可持续发展、为社会的未来需求培养人。"未来"教育指教育既要兼顾当下目的，又要为未来社会做准备。那么，"未来"教育如何实施？应该从教师、技术和体系三个角度落实。首先，教师要拥有"教育应面向未来"的思想。创新教学方式和教学手段，聚焦关键能力和核心素养的培养，避免单一的知识传授。如果教师仅仅满足于用过去的知识教现在的学生，却让学生去解决未来的问题、适应未来的生活，这显然是不现实的。其次，用教育信息化推动教育未来化。随着科学技术的发展，我们已经进入万物互联、人机共生的时代。我们不能使用19世纪的教育方法，教授20世纪的知识，应对21世纪的挑战。教育技术推动了学习的自主化。在线学习使学习突破了时空的桎梏，混合式学习将是未来教育发展的趋势。未来社会需要的是主动学习的人。万物互联背景下，知识与知识之间相互融合，每天都在创造更多新的交叉学科。信息技术的发展为主动学习提供了丰富的平台和资源，可确保教育跟上社会发展和知识更新的步伐。最后，面向未来的教育应构建服务全民的终身教育体系。终身教育是由法国著名教育家保罗·朗格朗提出的，强调教育应该贯串人的一生，并让生命中的每个活动都有其教育意义。打破现有教育体系的禁锢，通过终身教育让教育持续引领社会的发展，成为一个永远运转的动力系统。

  全球化、信息化向纵深发展，特别是凭借在人工智能领域的突破性进展，人类对外部世界的掌控力正在变得越来越强。知识更新的速度愈来愈快、周期愈来愈短，面对未来世界的多样性和不确定性，人类的内心正在变得越来越无力。社会需要的是能够"引领未来的人"，他们传承文明，生产新思想，探索新道路，发明新技术，贡献于国家发展和人类进步。那么，什么样的人才可能引领未来呢？曾任北京大学常务副校长、现任华南理工大学校长的高松认为："首先，他拥有强大的思想力。思想形成判断，判断凝聚共识，共识带来确定。正是在不断地思考、探索、质疑的过程中，人们才能不断发现新问题，实现新突破，产生新创造。其次，他具备强大的自我学习能力。未来的不确定性需要学生自己去探索，教育要帮助他在未来面对新问题，想要去学习的时候可以自我学习。再次，他能够在真实世界里采取有效行动。思考和学习很重要，但最终改造世界的是人们的实践与行动。思想力、学习力和行动力，这三者不是简单的相加，而是相乘，其结果便是创造力。即，创造力＝思想力×学习力×行动力。"总之，面向未来，必须准确把握未来教育的一般规律。引领未来的人，应当兼具科学素养和人文情怀，融会历史观念和探索精神，拥有批判性思维和有效沟通能力。未来的教育，核心知识的学习会叠加更多问题导向需求的牵引，知识和技能的传授会叠加更多师生共同探索的过程，未来教育的模式组合更加灵活，路径更加多样，人的自主性作用更加突出。

3. 幸福教育观

幸福教育观是"终身幸福"的人才观。幸福，是人所追求的生存状态与存在方式，是人的物质需求与精神需要得到统一满足时的和谐感，是人的身心健康和谐与人格充盈的完美状态，是一种生活得以更好的能力体现，包括优越的幸福感、科学的幸福观、优秀的幸福品质和卓越的幸福能力四个方面。费尔巴哈说："一切健全的追求都是对幸福的追求。"幸福是一种个体的追求状态，是心灵不断成长、发展和完善的过程。教育的过程是一个求真、求善、求美的过程，求真、求善、求美的过程本身是一个充满幸福的过程。所以，幸福教育是对人本主义的最高关怀。通过"幸福"教育，我们培养能够感悟幸福、创造幸福、拥有幸福的人。

教育是为了人的幸福。这是一个涉及哲学、伦理学的教育命题，包含三个层面的意义：第一，教育的目的是指向人的本体；第二，教育是通过交往而达到理解；第三，教育是提升师生生命质量的过程。教育以幸福为目的既是一种实然事实的存在，也是一种应然价值的追求。教育为人的终身幸福奠基。以发展人、完善人为终极使命和根本追求的教育才能给社会以和谐，给世界以发展。

培养幸福的人，这是教育的本体功能，即通过教育使教育对象能够活出自己生命的意义，能够感受自己生活的价值，能够不断丰富自己的精神和灵感，能够在教育的引导下以一种庄严的态度对待人生中的每一段时光，以一种积极的精神去创造生命存在的意义与价值。

因此,教育是幸福的过程。幸福教育就是在教育中创造、生成丰富的幸福资源的过程。幸福教育的必要条件是:"幸福教师,幸福地教。"爱出者爱返,福往者福来。幸福教育的核心内容是:"幸福课堂,幸福地学。"在教育理念上,应秉持"以学生为本"的原则,尊重生命的独特性,理解生命的生成性,善待生命的自主性,观照生命的整体性;在教学过程上,应创新教与学的方式,通过组织人文化的教学内容,采用发展的评价方式,形成交往式的师生关系,提升师生的幸福品质。

三、人才的核心素养分析

未来需要什么样的人?未来的人才应该具备哪些核心素养?

社会发展对生命成长预期的分析形成了人才的核心素养。改革开放40多年来,中国已成为世界第二大经济体,这其中普及九年义务教育为提供有保障的国民基本素质做出了重要贡献。北京师范大学中国教育创新研究院刘坚表示:"面对过去,中国基础教育功不可没!但是,在从生活富裕走向国力强盛的未来几十年,仅仅满足于读写算的国民素养教育是完全不能支撑这一发展进程的。面对未来,中国基础教育肩负重任!"

2016年,北京师范大学中国教育创新研究院完成《面向未来:21世纪核心素养教育的全球经验》国际进展报告。2017年,北京师范大学中国教育创新研究院联合美国21世纪学习联盟(Partnership for 21st Century Learning,以下简称"P21")、中国21世纪人才标准联盟(CP21),拟通过国际合作进一步深化关于21世纪核心素养教育的研究,发布了《21世纪核心素养5C模型研究报告(中文版)》。5C模型的出炉,意味着全球核心素养教育为我国教育提供了一份"中国方案"。这份报告吸纳了中国学者在相关领域的研究成果,并基于我国社会、经济、科技、教育发展的需求,进一步追问"打下中国根基、兼具国际视野"的人应该具有哪些素养,提出了"21世纪核心素养5C模型"并搭建框架、阐述内涵。

"21世纪核心素养5C模型"包括文化理解与传承(Cultural Competency)、

审辩思维（Critical Thinking）、创新（Creativity）、沟通（Communication）、合作（Collaboration），这5项素养的英文单词首字母均为C，故称该模型为"核心素养的5C模型"，这些素养简称为"5C素养"。5C素养每个方面又包括3至4个二级维度，如下表所示。

二级维度表

一级维度	二级维度
文化理解与传承素养（Cultural Competency）	1.文化理解
	2.文化认同
	3.文化践行
审辩思维素养（Critical Thinking）	1.质疑批判
	2.分析论证
	3.综合生成
	4.反思评估
创新素养（Creativity）	1.创新人格
	2.创新思维
	3.创新实践
沟通素养（Communication）	1.同理心
	2.倾听理解
	3.有效表达
合作素养（Collaboration）	1.愿景认同
	2.责任分担
	3.协商共赢

报告在系统阐述五大素养的内涵、要素与行为表现的基础上，明确了文化理解与传承、审辩思维、创新、沟通、合作五大素养之间的关系。首先，五大素养各有侧重。文化理解与传承对所有行为都具有导向作用；审辩思维与创新更多地表现为认知能力，审辩思维强调符合逻辑、多角度思考，创新强调突破边界、打破常规；沟通与团队合作侧重反映个体的社会技能，沟通强调尊重、理解、共情，合作强调在实现共同目标的前提下做必要的坚持与妥协。其次，五大素养又相互关联。文化理解与传承是核心；创新离不开审辩思维，沟通是

合作的基础；良好的审辩能力能够提升沟通与合作的效率，有效的沟通与合作有助于实现更高质量的创新。此外，我们从五大素养的提出中看到了结合时代的创新点。相较于其他关于核心素养的研究理论、报告，"21世纪核心素养5C模型"更加符合我国国情，在国际上率先提出文化理解与传承素养，并将其置于核心素养的统领位置。开展中华优秀传统文化教育对于涵养学生的价值观念、道德伦理、行为习惯具有不可替代的作用。养成文化理解与传承素养是一个中国人具有中国根基、打下中国烙印的体现。文化理解与传承素养为其他各方面素养提供价值指引。重视学生文化理解与传承素养的培养，对任何一个国家或民族的教育都具有指导意义。

五大素养从不同角度反映了21世纪人才必备的核心素养，它们之间既各有侧重，又相互紧密关联，形成一个有机整体。报告为进一步推进核心素养教育从理论到实践的转化提供了坚实的研究基础，为全球推进核心素养教育贡献了中国智慧。该模型在论证的过程中，得到P21组织的高度认可，核心素养日益引起全球的关注，甚至成为许多国家或地区制定教育政策、开展教育改革的基础。我国教育界对21世纪核心素养教育的关注也日益升温，逐步实现从理论向实践的转化。

第二节 现实意义

一、英语人才的需求

无独有偶，美国教育界在《21世纪外语学习目标》中也制定了一个"5C"——5C外语教学目标。其体现了当代最新的语言习得理论，代表了21世纪外语教育改革和发展的方向，对我国的外语教育改革具有一定的参考价值和借鉴作用。

《21世纪外语学习目标》是美国教育界和外语界为了提高美国学生的外语能力以适应经济全球化的需要而制定的（1996年初版，1999年再版）。这5个以字母C开头的单词简称"5C"，分别是：Communication（交际）、Cultures（文化）、Connections（联结）、Comparisons（比较）和Community（社区）。归纳起来，即运用外语交际，体认多元文化，联结其他学科，比较语言文化特征，应用于国内外多元社区。"5C"目标是相互依赖、相互促进的，不能把它们简单对立或割裂开来。

"5C"目标的提出是基于心理学家维果茨基（L.Vygotsky）的中介作用理论和以格拉斯菲尔德（Von Glaserfield）为代表的建构主义理论。语言心理学对语言教育工作者的启示意义在于，单纯的语言教学不是教育，教育是使学生学会怎样学习，特别是持续地、个性化地学习，使学习经验富有个人意义，从而促进个人的成长。语言学的建构主义则告诉我们，建构是发生在与他人交往的环境中，因此教师应关注学生的主体作用，少用注入式教授，多设置情境加强互动，赋予学习者思考的能力和参与建构知识的时空，这才是有意义和高效的语言教学。

《21世纪外语学习目标》给我们带来的启示有：语言是一个系统学习的过程，文化是搭建语言与社会的桥梁；语言的功能在于交际；学习策略是语言学习中不可或缺的一部分；语言的工具性可以使我们围绕主题进行跨学科整合教学；培养学生严谨的思维能力并使其贯穿学习的全过程；创设条件让学生运用英语信息技术或高科技；设置情境让学生接触真实的目的语；建构学生的基础知识和基本技能。

二、学科的育人价值

基础教育各门学科从不同角度促进学生的全人发展，包括认知能力的发展和情感态度价值观的发展，都有其育人功能。新修订的各学科高中课程标准有一个共性：以核心素养为基础设置课程内容和目标，除了重视发展学生的学科能力，还凸显了课程的育人价值。

什么是学科的育人价值？主要是指学科的课程内容除了使学生学习学科知识、发展学科技能、形成学科思维，还应促进学生在心智能力、情感态度、思想品德、社会责任等方面的发展。英语学科也不例外。

长期以来，英语一直被认为是一门工具性学科，学习英语有利于我们在经济、文化、科技、安全等领域加强与国际的交流合作。但仅仅把英语当作交流的工具来学习，容易陷入语言学习功利性的怪圈，忽略了语言学习在文化、思维、情感态度与价值观方面发挥的效能。对于有些学生来说，把英语作为外语来学习，其目的无外乎是掌握另外一种交流的工具，除此以外，学习英语好像没有其他作用。造成这种误区的根源就在于没有认识到英语课程的育人作用。

学科核心素养是对学科教育目标的诠释，能否真正落地，重点在课程设计，包括课程内容组织、教学组织与实施等。可以说，核心素养是课程设计的DNA。

三、面临的改革现状

1. 区域背景

我所在的学校是广州市天河外国语学校（以下简称"天外"），学校创办于2012年3月，是天河区政府为优化经济投资环境，增加区域教育的竞争力和凝聚力，满足居民对教育优质化、国际化的需求，按照高起点、高标准、有特色建设的一所公办全日制、寄宿制完全中学。学校立足天河、服务广州、辐射广东，是天河区重点打造的民族化与国际化并重的现代学校，是以外语为学科特色、以多元为文化特征、以和雅品质为人才规格的现代化、国际化的外国语学校。

学校位于广州中央商务区珠江新城的中心位置，总占地面积为22,224平方米，建筑面积为38,779平方米，设计现代，布局合理，功能完善。学校目前共有40个教学班，151名教职员工，1245名在校生。作为一所按照高于国家示范性高中标准建设的优质中学，天外始终秉承先进的办学理念，从开创之日起就与国际接轨，实施小班化教学，取得了丰硕的办学成果。学校先后荣获"广州市教育工作先进集体""广州市特色学校""广州市安全文明校园""全国特色学校创建重点科研单位"等称号，是首批"广东省中学生志愿服务示范校"，并先后通过了广州市公办外国语学校特色办学认定及广州市普通高中特色课程重点立项审定，成为清华大学、北京大学的"中国大学先修课程项目学校"，并被暨南大学、华南理工大学、华南师范大学、广东外语外贸大学、西南政法大学等重点院校选定为"优秀生源基地学校"。

天外以"和雅君子、世界公民"为办学理念，以"以人为本、文化立校"为管理策略，以"学养深厚、学贯中西"为师资标准，以"中西兼容、多元选择"为课程特色，以"国际接轨、小班教学"为课堂模式，以"自理自主、自立自强"为人格精神。天外提出"全面卓越、和雅育人"的教育追求，即办"和而不同、各雅其雅"的教育，打造"新锐、乐教、善导"的教师队伍，培养外语突出、文理并重、中西兼容、个性鲜明且具有和雅品质的世界公民。"和雅教育"中的"和"指的是中西方文化的契合点，意味着对多元文化的包容,对个性的尊重与认同;"雅"指的是中西文化的共同价值观,在中国文化中是儒雅(君子),在西方文化中是文雅(绅士),意味着追求真理、高尚、卓越、完美。"和"是内在的,是核心;"雅"是外在的,是归宿。"和雅教育"通过整合中西文化经典开展国际理解教育,使学生既能坚守、追求自己的信仰和中国的优秀文化,又能积极地去理解、接纳、吸收世界优秀的多元文化。学校设置"和雅"课程体系,实施班级教育小组导师制度,构建全员德育模式。学校高度重视课程建设,建立了四级课程体系——国际课程、国家课程、地方课程、校本课程,形成规范化、多元化、特色化的课程文化。

目前学校已初步形成和雅课程体系,包括国际理解教育课程、和雅君子课程、创新思维课程、经典文化课程。

(1)国际理解教育课程,以外语课程为主体,以特色活动和国际交流为两翼,注重学生语言综合素养、跨文化思维、文化包容度及国际理解力的培养。

(2)和雅君子课程,注重内外兼修,意在培养学生雅言雅行,通过"演讲与口才"课程和"和雅养成教育"系列课程,培养学生扎实的中华传统文化功底,发扬爱国精神,同时提升学生的形象气质。

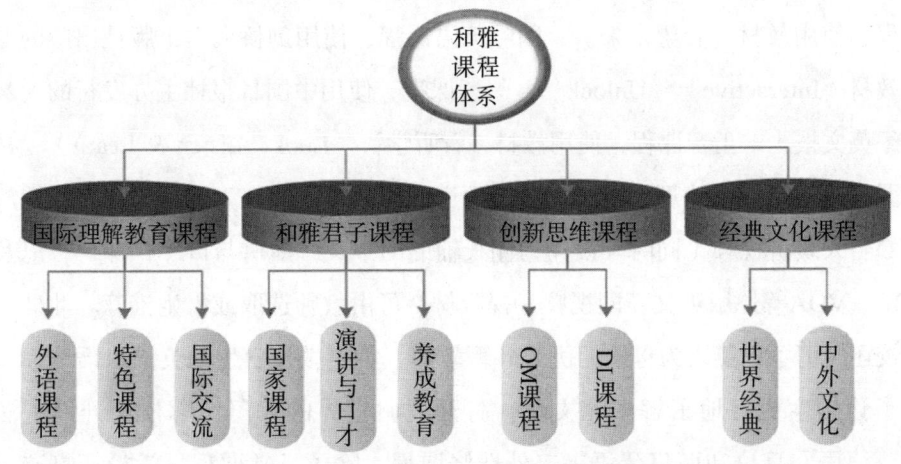

(3)创新思维课程,以任务驱动的形式培养学生观察思考、团队合作、批判思维等能力,突出培养学生的创新能力。

(4)经典文化课程,主要是让学生感受理解世界经典和中华文化,在培养学生民族情怀的同时，更好地引导他们去实现中西文化的融会贯通。

2. 学校现状

本人是2012年参与天河外国语学校创办的五名行政管理人员之一，目前任学校副校长，是负责初高中英语科组的行政主管，非常关注天外作为一所外国语学校的特色发展。对学校发展之路进行回顾和反思，我感到机遇和挑战并存。

新时代背景下，鼓励学校特色发展是《国家中长期教育改革和发展规划纲要（2010-2020年）》中重要的内容。目前，天河外国语学校的外语特色发展已初有成效，在改革试点方面积累了一些经验，形成了一些优势特色项目和特色课程，取得了一定的特色建设成果。

作为一所外国语学校，我校制定了《天河外国语学校外语课程实施方案》，对外语课程进行了顶层设计，强调人文精神和科学精神的统一，重视统编课程和校本课程的统一、学科课程和活动课程的统一、显性课程和隐性课程的统一，为学生构建起多元化、生活化、体验化的课程体系。外语课程以国家基础课程为主体，以校本特色课程和特色活动为两翼，促进学生综合语言素养的发展。目前，国家基础课程使用教材包括：广州市初中统编教材《牛津英语》和高中人教版统编教材《高中英语》。校本特色课程使用教材包括：拓展课程，使用教材《展望未来》；国际英语课程，使用剑桥大学出版社出版的原版教材《Interactive》《Unlock》；阅读课程，使用中国日报社主办发行的《21世纪英文报》；正音课程，使用教材《看听学》（Look，Listen & Learn）；视听课程，使用国家地理、自然探索等频道的纪录片视频作为课程资源，或播放TED名人演讲视频（同时开设作为侧线辅助的中文"演讲与口才"课），以及BBC、VOA等原版英文新闻视频，视听材料可由教师选取或学生推荐。此外，我校还聘请了以英语为母语的优秀外籍教师，负责教授学生的英语口语课程。为了让学生更好地了解多元文化，打开通向世界的大门，学校还开设了法语、德语、日语和西班牙语等二外选修课程。除了日常课程，学校还打造了一门契合办学理念的"世界公民课程"，让学生前往牛津、剑桥等世界顶尖名校，在国外教学基地沉浸式地学习语言和文化。

学校现有英语教师54人，外教和小语种教师5人。其中高级教师13人，研究生及以上学历17人。35周岁以下专任教师基本具有硕士学位并掌握第二外语,外籍教师均具有本国教学经验。

我校外语课堂的特色主要体现在:与国际接轨,实行14—16人的小班教学,探索以学生为中心、以学生主体活动为基础的互动课堂教学模式。目前,本人创建的"三段式英语读写教学模式"、黄宇红老师的"基于语感培养的阅读模式"及黎莹老师的"英文原著分级阅读"在区域有一定影响力和辐射力,多次在省市区各级教研活动中进行分享和交流。

为达到多层次激发学生的学习兴趣和智力潜能的目的,学校营造中西文化交融的氛围。开设语言特色类的综合实践活动课(如西餐礼仪、影视欣赏等),举办世界公民游学活动、英语配音比赛、英语演讲比赛、英语节,与各国领事馆开展合作项目,充分创设英语情境,在实践中提高学生的英语交际能力。

学校多方联动发展,特色课程和课堂改革成效初显。自2015年至今,我校中考英语平均分保持在141—143分之间,在广州市名列前茅。2017年和2018年我校连续两年蝉联"21世纪杯"英语演讲比赛广东省特等奖冠军,并作为广东省唯一代表参加全国英语演讲比赛总决赛。2013年,我校被广州市教育局评为"广州市外语特色学校"。2015年,我校被评为"广州市高中特色课程重点立项学校",并于2020年在广州市22所中学里脱颖而出,成为全市通过专家复评的7所学校之一。2018年我校首次参加高考以来,英语平均分始终稳居全市前列。2019年,本人牵头组织的"数据驱动下掌握式学习成效评价模式研究共同体"项目申报由广东省教育厅、广东省教育信息技术中心组织的"广东省2019年度教育信息化教学应用创新实践共同体"项目,获得立项,项目编号为GDSJGTT204。2020年疫情期间,为了响应国家"停课不停学"的号召,我校初二英语傅莹等三名老师参与了广州市电视课程录制,获得了全市师生的好评。2020年,本人课例"数据驱动,精准教学——基于学情视角的英语阅读教学案例分析"入选广东省教育厅、广东省教育信息技术中心"广东省中小学教师信息技术应用技术能力提升工程2.0培训课程资源"。

3. 特色思考

（1）面临困境

① 结构碎片化。目前，天河外国语学校的学科特色活动尚处于自发、凌乱、无序的状态，导致一些好的特色项目不能有效地、持续地发展。学校建校以来对外语特色重视程度还不够，没有进行顶层设计，缺乏特色思想和课程体系，课程的开发和活动的组织仅仅依赖备课组和教师自下而上的自发行为，没有来自高校或权威领域的英语教育教学专家进行论证和引领，序列性、前瞻性和学术性仍有欠缺。

② 形式表面化。作为一所外国语学校，天外的特色模糊，特色发展只注重了外语学科活动的点，却忽略了与学校文化的面进行深度、和谐、有效的融合，故而外语特色的发展存在浅表化、局限化、泛化等问题，把普通中学外语学科发展的特色共性错当成外国语学校的特色个性。外国语学校的特色表达、形象打造及品牌建设，仍然有很长的路要走。

③ 思维模式化。天外的外语师资队伍虽然整体水平不错，但结构失衡，缺乏外国语学院毕业或曾在外国语学校任教的教师，部分教师的思维固化制约了外校特色的打造和品牌的创设。同时，学校外籍教师的引进和管理交付给了第三方机构，外籍教师的数量和占比没有优势，导致小语种教学没有得到更好的发展。此外，学校对外语师资队伍建设缺乏思考和重视，教师职业素养与技能培养没有做好规划，初高中英语学科缺乏专业领军人物，本土教师的国际化培养数量少且质量难以保障，缺乏专业的培训渠道。

（2）工作思路

① 统筹规划，寻找逻辑起点。学校的特色发展应梳理办学理念，认真分析自身的发展现状，建立体系框架。从特色定位、顶层设计到全面实施做好学校特色发展的闭环工作。从学校整体发展中选择特色发展的点和位，寻找有效的切入点。学校应加强对外校特色而不仅仅是外语特色的思考，起草并完善《外国语学校特色建设的总规划》和《外国语学校特色建设的行动方案》，邀请高校教授、国内外语教学名家和外国语学校教育教学的资深专家进校论证，确定后进行实践，并在实践中完善。通过特色发展，带动并推进学校的整体

发展。

② 以终为始，探索育人模式。外语特色和外校特色的终极目标与学校育人目标要吻合，即明确特色教育下人才培养的规格，思考把优势项目转化为活动特色，再把活动特色培育为特色课程，从而打造学校特色。将学校的优势项目与学校的各方面工作纵横贯通、上下联动，探索提升外语的教育教学理念、教学模式、教学策略和教学方法的有效途径。

③ 优化师资，加强引育并举。学校应尽快加入我国外校联盟的大家庭，开拓外校建设的视野，实现资源共享。进一步优化师资队伍，引进外语学科领军人物，引进外国语学院毕业或曾在外国语学校任教的教师，引进小语种师资并自主管理，做好教师职业素养提升与技能培养的规划，尤其要把本土教师的国际化培养进行制度化落实。

附：

关于培养高水平外语人才和多语种人才的规划

广州市天河外国语学校　陈　迪　2017年4月

一、时代背景

1. 国际层面

当前，我们正处于一个交往日益频繁、竞争日趋激烈的经济全球化、科技一体化时代。中国作为全球第二大经济体，随着国际地位的上升，需要掌握更多的国际话语权，而参与国际规则的制定首先要凭人才。经济发展和对外交流对外语人才和多语种人才的要求越来越高，中国急需培养具有全球视野、国际化水平的优秀外语人才来参与国际事务。高水平创新型的外语人才和多语种人才的培养对提高我国综合国力和国际竞争力具有重大意义。

2. 国内层面

全面深化改革开放的新时期下，我们亟须加快外语人才和多语种人才的培养。因为外语人才和多语种人才作为重要的战略资源，会直接影响我国打造对外开放新格局的战略举措的实施效果。而我国基础教育领域的外语教育目前仍面临多方面困境：首先，单一外语人才过剩，水平不高；其次，外语人才的复合型、创新型能力低，社会适应性差；最后，普通中学受应试教育的影响，外语教学侧重笔纸考试而忽略语言应用能力培养，同时缺少对小语种人才培养的空间。鉴于此，作为一所新时代的外国语学校，天河外国语学校应该主动承担起培养高水平外语人才和多语种人才的社会责任与使命。

二、人才规格

1. 面临困境

过去，受传统观念的影响和束缚，我国外语人才规划主要强调语言知识和技能培养，工具性和实用性取向明显。工具性人才规划的优势显而易见，基本可以满足一般通用型语言沟通和交流的需求，但同质化培养使得外语人才普遍缺乏人文知识的沉淀和纵深的专业知识，高水平外语人才和多语种人才奇缺。显然，传统的以语言考试为主的语言人才培养模式已不能服务于经济全球化，更不能服务于"一带一路"建设。而我国目前存在着外语教育语种单一化倾向严重、外语语种设置缺乏规划、英语和其他语种的高水平人才培养跟不上国家需求等一系列问题。由于小语种的毕业生需求量限制，外国语学校对小语种人才培养的重视程度不够，小语种教学资源不足且师资缺乏。

2. 重新定位

在互联互通的建设过程中，我国需要大量精通外语、懂得国际规则、熟悉多国文化的高端国际型外语人才和多语种人才。在推进"一带一路"建设时，外语人才规划将探索从单语人才向复语人才转变，从单一语言技能型人才向创新型复合型人才转变。为满足国家的战略需求，我校将加强语种布局和人才质量建设，明确培养目标，为外语人才培养打下坚实的基础，引导外语人才培养策略的实施。

我校对高水平外语人才和小语种人才的规格定义如下：具有浓厚的家国情怀、卓越的外语能力、突出的创新品质和高远的国际视野，是全面发展的复合型人才。

第一，具有浓厚的家国情怀。中华优秀传统文化是我们必须世代传承的文化根脉、文化基因，也是我们坚定道路自信、理论自信、制度自信、文化自信的深厚基础。无论是服务选才，还是引导教学，作为培养外语人才和多语种人才的外国语学校，首先应该加强中华优秀传统文化教育，引导学生增强文化自觉和文化自信，培育和践行社会主义核心价值观，从而落实立德树人的根本任务。

第二，具备卓越的外语能力。需求是教育的决定性因素，也是教育规模、质量和结构是否合适的重要标准，在劳动力资源配置全球化的时代更是如此。从"一带一路"背景下分析国家战略对英语教育的影响，可知国家对英语专业人才的需求日趋多元和高端。外国语学校的外语教学应培养具备外语应用能力、实践能力、跨文化交流能力、思辨与创新能力以及自主学习能力的复合型、应用型人才，这样才能提升学生在未来竞争中的可持续力。

第三，具有全面的综合素质。学校在凸显学生外语特色的同时不能单兵突进，应围绕语言核心竞争力这一中心，不断丰富拓展人文精神和科学素养，使语言的教育教学与研究的内涵和外延更丰富，有针对性地培养既有熟练的语言技能又具备较高综合素养的英语人才和小语种人才。高水平的英语人才和小语种人才，除了有卓越的语言学习能力外，还应具有突出的创新品质和高远的国际视野。

三、培养规划

（一）创设浓郁的外语学习文化氛围

1. 做好硬件保障。学校至少配备数字语音实验室1间，外语情景室3间和小剧场1个。利用校园宣传栏、架空层及课室等空间，建设外语文化长廊，为学生提供熟悉和了解中外风土人情、历史文化知识的机会，培养学生的跨文化交际能力，提高实际运用语言的能力，拓展国际视野。为师生购买外语的图书资料或电子资料。

2. 开展国际合作。计划缔结五所以上的国际姊妹校，进行广泛交流合作，实现优势资源共享，促进国际交流，拓展国际视野，增强国际理解力，为学校和学生未来更高更广的发展奠定牢固的基础。

3. 开展丰富活动。每年举办全校性外语类活动，加强国际理解教育和国际交流。

（二）确保外语师资到位

1. 加强外语教师队伍建设，打造教育观念新、改革意识强、富有朝气的师资队伍。为适应高水平外语人才的培养，必须提高外语教师队伍的素质与能力。外语教师不仅要提升自身的外语能力，还要关注行业的发展动态，不断充实自己。建设复合型师资队伍不能闭门造车，需要"引进来、走出去"。"引进来"是指从校外、国外引进人才，"走出去"是指立足实际，对本校外语教师进行集中培训。

2. 按照省、市有关规定聘请专职外籍教师和小语种教师；支持外语教师出国进修，确保出国进修有制度、有落实。

3. 定期对师生进行国际活动规则、国际礼仪和外事纪律的教育和训练。

（三）加强"三课"（课程、课堂、课题）的内涵建设

1. 优化外语人才、小语种人才课程体系设置

课程设置对人才的教育培养具有重要作用，是实现教学目标的有效途径。高水平外语人才和小语种人才的课程体系建设要统筹规划、协同融合。

（1）英语课程体系。我校巩固和扩大语言学科的传统优势，开出全面的基础课程，构建科学合理的语言学科课程体系。

学校在重视中国传统文化课程设置与教学的同时，引导学生深入学习外国语言和文化。通过统编课程、双语课程、小语种课程、活动课程、社团建设等

培养学生熟练的外语交际能力并使之具备扎实宽泛的基础知识。

（2）小语种课程体系。大文化视野的构建是现代学校发展的出发点和归宿点。作为外国语学校，我校在强化英语教学之外，还探索多语教学。学校拟从初中开始开设四门以上第二外语的选修课程，聘请外国语大学的专业教师或研究生执教，确保每一位学生都可以选择一门第二外语。学校为选修第二外语课程的学生征订了教材《新标准德语强化教程初级》《大家学习日本语》《中学生法语1》，主要目的是培养学生对第二外语的学习兴趣，开发他们的语言潜能，拓宽他们的文化视野。课程以口语交际为风向标，看、听、说"三维立体"，开拓外语学习思路，引领学生轻松入门，循序渐进，全面拓展听、说、读、写能力。从语言和文化双角度切入第二外语的学习，并将文化作为语言学习的助推器。

2. 对中外课程融合及特色课程进行探索

学校对中外课程实施高度融合，让学生在享受中国基础教育优势的同时，以国际课程为切入点，接轨国际教育理念及教学方式，以达到将学生培养成具有中国灵魂、参与国际规则制定、具有跨文化交流能力的现代公民。这种课程融合方式不仅兼具中外特色又有利于学生发展，为学生升读国外大学，成为国际复合型人才提供保证。

3. 积极进行外语课堂教学的改革

改变传统单一传授式教学方式，构建系统的复合型外语培养模式，形成具有天河外国语学校特色的外语课堂教学模式，鼓励双语或多语种学习。以学生综合能力和核心素养培养为导向，由学科知识型向核心素养型转型，突出学生在人才培养过程中的主体地位，充分发挥学生学习的积极性和主动性，形成有天外特色的课堂教学模式。同时，通过小班化教学模式的精细教学确保学生英语学业质量突出。

（1）探索多元外语教学方法

a."情境教学法"。情境教学是指在应用知识的具体情境中进行语言教学的一种教学方法。它有利于提高学生的兴趣，便于学生全面、透彻地感知和理解教学内容，在玩中学，在学中玩。

课堂上可以有以下创设情境的手段：

利用多媒体教学手段，创设情境

在课堂上，运用多媒体平台、实物等为学生创造一种悦目、悦耳、悦心的英语交际情境。形象生动，图文并茂，让学生怀着轻松愉快的心情，边看边听，积极参与对话，进行语言交际活动。

利用语言描述，引入情境

激趣和唤醒的教学环节中，教师可用简单易懂的话语讲身边的故事，引导学生进入情境。

利用表演，体会情境

在所学课文内容基础上，结合课文中有关日常生活的内容，利用所学句型进行带有创造性的表演，引导学生进入"生活"，让学生自己创造情境，激发创造性思维，提高想象力，在运用语言过程中巩固所学的知识，并且巧妙进行迁移和应用，以培养学生的综合语言能力。

b."LIPA语音学习法"。即在"听"（Listen）中接触、在"仿"（Imitate）中体验、在"练"（Practise）中巩固、在"演"（Act）中提升。

c."辨别纠错法"。辅以正误对比演示和有针对性的纠正方法，系统地为学生进行基础正音，初步解决其英语发音"顽疾"。

d.语音教学与传统教学相结合。教师在授课过程中注重知识点的提炼、总结、拓展，举一反三，并利用大量的练习加深学生对知识点的理解。

（2）探索特色课堂教学模式——"五环教学法"

Step1：Activation

Step2：Construction

Step3：Cultivation

Step4：Extension

Step5：Reflection

（3）探索双语教学的有效途径

当今全球化的趋势下，双语教育是培养国际化高素质人才的重要手段。学校应与欧美国家开展广泛合作，参照美国ESL课程标准，借鉴、整编美国原版教材，积极融合中西方教育特长，均衡双语、多元文化的教育和熏陶，在满足学生冲击国内中高考硬指标需要的同时，提升其冲击世界名校的软实力，培养具有中国情怀和世界眼光的国际性精英人才。尝试在体育、艺术、历史和数学等学科有序探索双语教学，培养双语教学师资。

第二章 概 述

第一节 学生本位

一、人的问题——以人为本是教育的本性

教育作为培养人的活动，对社会和人产生多方面影响，反过来又受多方面的制约。因此，教育有"个人本位论"和"社会本位论"之分。"个人本位论"认为，教育目的应以个人价值为中心，应该主要根据个人自身完善和发展的精神需要来制定教育目的和构建教育活动，其代表人物有洛克、孟子、卢梭、帕克、马斯洛、罗杰斯、福禄贝尔、裴斯泰洛齐等；"社会本位论"认为，教育目的由社会的需要决定，培养社会所需要的人就是教育所要追求的根本目的，其代表人物有孔德、纳托普、柏拉图、涂尔干、凯兴斯泰纳、赫尔巴特、斯宾塞等。

我认为，教育的对象是人，教育是为了人的培养、人的发展和人的幸福，以人为本才是教育的本性。抛弃了人的成分，教育容易在政治和经济的功利中迷失自我。如果把人当作社会的工具，认为社会是凌驾人之上的实体，进而把教育当作政治的工具、经济的手段，那么教育就会脱离人的本性。马克思主义哲学的出发点是人的问题，人的问题始终是马克思主义哲学的中心问题。教育作为"全部人类历史"的一部分，其着眼点是为了有生命的个人存在与发展，

教育的使命是让人成为人，让人得到生命成长和个性发展，其他的政治目的、经济目的和社会目的是建立在个人发展的基础上的。这才是还原教育的本质属性。

如果教育的本质属性被异化，那么大部分人会在应试流水线上疲于奔命，既缺乏对深层逻辑、高级认知的问题思索，也缺乏对未知世界、内心宇宙的探索关怀。教育仿佛就在知识与考题的方寸之地转悠，而忽略了心灵的互动与成长。我们一直倡导因材施教，其核心就在于不仅要重视知识传授，更要因人而异启迪心智。教学实施应注重思创能力培养，而不是过于强调考试学习、死记硬背、机械训练。在课堂教学中努力摒除重学习轻思创、重传授轻交流、重纪律轻互动、重获取轻体验、重结果轻过程等弊端。让学习者不仅可以利用知识而且能够热爱知识。

否定人本主义的教育，必然会以教师为中心而不是以学生为中心。教师台上一对多传播信息，台下搞题海战术，高效培养高分人。这种教学方式在信息化的今天、智能化的明天越来越显得低效低能了。

二、本位的问题——学生本位是教育本性的具体表现

（一）什么是本位

"本位"语出《左传·昭公二十七年》"复位而待"，晋杜预注："复本位待光命。"指原始的地位、本来的佛身、原来的官位、原来的座位，现引申为主体、中心。

（二）"学生本位"的逻辑思考

既然以人为本是教育的本质属性，那么教育牵涉到的许多人，如教师、学生、教育管理者、教育行政官员等，到底谁才是教育的主体、教育的中心？要解决这个问题并不难，我们回归教育的出发点，也就是教育的根本定位，答案昭然若揭。"社会本位"思维模式容易产生"官本位""教师本位"，但从逻辑角度分析，先有学生而后有教师，教师达到一定数量而后有教育管理者和行政官员。在整个教育体系中，相对于教育管理者、教育官员和教师而言，学生是教育的起点和出发点，学生才是本体，而"教师本位"是确保"学生为本"

的重要条件之一。

（三）"学生本位"的内涵

我们一直把"学生本位"挂在嘴边，但不一定知道它的真正内涵。海德格尔曾说："教难于学，乃因教所要求的是：让学。"教育的价值取向有三大流派：学生本位、知识本位和社会本位。其中，"学生本位"的教育价值取向，是相对于传统教育以知识授受和服务社会为目的而言的。若一味追求教学效率，就会忽略学生主体地位、学生个性和发展的需求。

1. 学生需求本位。关于教育的起源，一直有争论不休的话题。一种观点认为"教育起源于社会需求"，教育为了满足社会的发展而存在；另一种观点认为"教育起源于人发展的需求"，教育应该为了人的发展和幸福而存在。究竟哪一种观点更接近教育的本质呢？这里有逻辑先后的关系，教育的首要任务是满足人的成长需求、发展需求，而后才是为社会培养人才。教育的途径是教学，而教学的起点是学生的学习需求。因此，"学生本位"应把学生的成长需求、发展需求以及追求幸福的需求放在教育的首位。

2. 学生发展本位。学生发展本位有两层含义，一是把学生发展作为教育的根本目的，二是为学生发展提供各种条件，促进学生全面、和谐、个性化地发展。《国家中长期教育改革和发展规划纲要（2010-2020）》中指出："坚持以人为本，全面实施素质教育是教育改革发展的战略主题。面向全体学生，面向学生的全面发展。"教育培养全面发展的人，为学生的知识、能力、情意全面协调发展提供各种条件。新课程改革既关注知识与能力，也关注学生的情绪生活、情感体验，关注学生的道德生活和人格养成，给予学生个性化成长的空间和自由。人是非确定性的生物体，有无限的丰富性和可能性，教育就是给学生提供土壤、阳光和雨露，使其丰富性和可能性得以自由生长。新课程改革既重视全面发展也重视个性化发展，教育的"多样性"和"选择性"就是为了促进个性化发展。

3. 学生权利本位。现代文明的重要标志是尊重人权，把保障人权作为天经地义的事，这是民主政治的诉求。2017年联合国教科文组织出版的《反思教育：向"全球共同利益"的理念转变？》一书中提到，"教育将促进人权和尊严，消除贫穷，强化可持续性，为所有人建设更美好的将来"。所以"学生本位"的另一个内容就是权利本位，即尊重和保护学生的权利。任何的教育决策和教育活动均不应该侵犯学生的权利，如人格尊严权、受教育权、自由权、民主权、隐私权等。不能打着为学生好的幌子随意践踏学生的权利，更不能以强势姿态压制学生对自身权利的维护，应该对学生进行基本权利的教育，成立学生权利申诉机构。在法治社会，尊重人权是最基本的要求，把学生当作享有权利的独立个体是学生本位应有之义及出发点。

（四）"学生本位"的特质

教育工作是与人打交道的工作，与人打交道需要尊重人的价值，教育遵循"学生本位"，应体现人本、人性和人文三个特质。

关于"学生本位"，说到底就是以学生的利益为教育工作的出发点和落脚点。学生的根本利益是幸福的问题，是全面发展的问题，这就是教育的初衷，但是说起来容易做起来难。"形而上者谓之道，形而下者谓之器。"这句出自《易经》的名言可释为："道是无体之名，形是有质之称。凡有从无而生，形由道而立。"思想和理念是形而上的，而中国的教育从来不缺乏"思想"和"口号"。教育的"学生本位"最关键是做，通过做将"本"字落到实处。

如何实践呢？我认为是不把"人"当成抽象的概念，而是把"人"落实到眼前一个个鲜活、具体的人身上，围绕"人"理顺三种关系：人本是基准和方向，人性是基础和依据，人文是途径和方法。人性是人所具有的正常的感情和理性。好久不见，招呼、寒暄、问候是人之常情；讲得不好，不想听也是人之常情。尊重人性实践起来其实很简单，就是具有同理心，设身处地，将心比心。己所不欲，勿施于人；己所不能，勿苛求于人。洞悉人性、基于人性的教育，教育的主体和客体之间更容易沟通和理解，关系更和谐，教育效果自然更好。

当我们把人本看成基础，把人性看成依据的时候，人文就是我们寻找的道路和方法。人文尊重人的主体性，强调人的主体地位，并采用以"文""化"之的方法。这种方法不是压制和强迫，而是疏导和引领，是促进主动思考和自我改变。所以，我认为，教育工作的核心在于关注两类人——学生和教师。使这两个群体能自觉而主动地关注自己的处境、现状、角色、使命和前途，主动为更加幸福快乐的自我人生寻找出路，更加积极地为光明而美好的前途承担责任。这样，教育就成功了。

三、英语教育的"学生本位"

"教"只是实现"学"的一种服务手段，学生的"学"才是教学的出发点和归宿。学生是学习活动的主体，主体性是主客体关系中表现出来的本质属性，教育的主体性是指"学生在主体意识指导下，主动参与教育活动的能动性"。外因是变化的条件，内因是变化的依据，外因通过内因而起作用。在教学活动中，学生是认识的主体，教师是活动的组织者、协调者和指导者。学生的知识、品质、能力、性格的发展是内因，决定了学习的成效；教师水平、教学方法、教学设备等是外因，这些固然重要，但要依靠内因才能起作用。正如英语里的一句谚语所说："You may take a horse to the water, but you can not make him drink." 因此，主体教育强调，要满足每个学生终身发展的需要，要激发学生自主学习的积极性和主动性，要培养学生终身学习的愿望和能力，只有这样才能体现"学生本位"的落实。在英语教育教学工作中，我摸索出一套落实"学生本位"的教学策略，具体包括：唤醒主体意识（想学），激发自主情感（敢学），赋能活动体验（会学），留白自主成长（能学），多元过程评价（乐学）。

（一）唤醒主体意识

我们不应把学生看作简单的认知体，而应看作有完整生命的人。语言学的研究证明，影响外语学习的几个主要因素（动机、才能和智力）中，动机是首要的，而且占据了三分之一强的地位。因此，我们的英语教学首先要帮助学生明确学习动机，使其在主观上产生学习动力。其次要引导学生从被动学习、被动输入中走出来，把自身当作认知对象，明确角色定位。学生既是"教的对象"——知识传播的客体，也是"学的主人"——掌握知识的主体。他们是学习的主体、活动的主体、实践的主体和思考的主体。只有帮助学生树立学习的主体意识，发扬主体精神，他们才能真正成为学习的主人。也就是我们常说的："You are learning English not from teachers but with teachers."

（二）激发自主情感

通过形式多样、生动有趣、符合学生身心发展特点的教学，激发学生自主学习的多种情感。

首先，保护学生的自主尊严。通过建立民主、公平的师生关系，保护学生的自主尊严，造就其独立人格，满足其主体成就感。其次，培养学生自主学习的欲望和兴趣。兴趣是自主学习情感中的基石，是一种积极的认知倾向，是一种复杂的个性品质，可以推动人去探究新的知识，发展新的能力，进而获得持久的成就感。通过建立宽松、和谐的教与学氛围，激发学生的学习兴趣，可以促进学生学习的积极性、主动性、创造性；反之，如果我们不尊重学生的心理能力和情感需要，一厢情愿地谋划教学内容和形式，强势推进教学实践，就容易造成学生主体性的丧失。第三，培养学生的自我效能感。自我效能感（self-efficacy）是人格锻炼、终身学习的基础，是人类心智的重要准则。父母支持孩子成为辉煌的自己，远比通过赞美使其建立起自尊更重要。自我效能是当一个人看到自己的行动能产生成果而建立起来的，是他们自己的行动能产生结果，而不是父母代表他们做出的行动能产生结果。如果我们过度帮助、过度保护、过度指导和过度关怀，就会剥夺孩子建立自我效能的机会。教学中要善于"留白"，不妨给孩子授权，让其学会自己做选择，也学着承担选择所带来的后果。在孩子的能力范围内，让其适当接受一些挑战。没有包容自己暂时表现不佳的韧劲，又怎能焕发更多潜力在未来继续成长呢？

（三）赋能活动体验

有了认知还要给予工具和方法，帮助学生在语言学习中体验和享受成功。英语学习的实质是交际活动，语言能力是在活动实践中提升的，因此创设英语任务和活动是提供学习体验的重要支撑点。首先，我们创设真实语境，培养学生主动参与的习惯。其次，加强学生元认知能力的培养，引导学生在体验中形成认知策略，参与自身各种认知活动的计划、监控和调节，实现由元认知知识到元认知体验和元认知监控的闭环学习。从认知心理学的角度看，有效的外语学习是一个复杂的心理过程，包括掌握语言认知技能、使认知技能内化、自动输出语言三大程序。有关元认知与外语学习的研究证明，使用元认知策略能加速认知技能的内化。元认知策略与自主学习是相辅相成的，元认知策略为自主学习活动赋能，为自主学习能力提供了理论依据。第三，了解不同学生的认知风格因材施教。认知风格是学生在学习过程中表现出来的稳定的、持久的认知方式。研究表明，学生在认知风格方面表现出差异性，不同认知风格与其学习成效存在一定相关性。作为英语教师，我们应该认识到认知风格的差异，并能根据学生的认知特征进行相应的教育，帮助学生克服认知方面的不足，培养学生优异的认知风格，为学习奠定良好的认知基础。

（四）留白自主成长

"留白"是一种应用广泛的艺术表现手法，更是我国传统的哲学思想。留白以无胜有，具有很高的审美价值，是一种智慧，也是一种境界。苏联著名教育家苏霍姆林斯基曾说："有经验的教师通常只是微微打开一扇通往一望无际知识原野的窗户。"留白的过程，是学生深化理解和深度思考的过程，是主动探究和答疑解惑的过程，是良好学习习惯和顽强学习意志的培养过程。英语课堂教学借助"留白"，有利于激发学生的主体意识和求知欲；有利于学生通过知识的自我构建来积累语言知识和培养技能；有利于启迪学生的思维，促其感悟语言；有利于培养学生的想象力、创造力，丰富学生的情感和对世界文化的认识。总而言之，"留白"留的是自主成长和个性发展的时空，英语课堂教学适当"留白"，让学生有所思考、有所探索、有所创造，可形成一种语言教学特有的韵味和意境。

（五）多元过程评价

学生参与课堂评价，也是在课堂教学中落实学生主体性的一种表现。完善课堂多元评价体系，基于过程，及时实现不同维度的自评、他评和师评，可以有效促进学生自主学习意识的提升。例如：自评，可以引导学生通过自我反思，树立信心或发现不足；同学互评，可以培养学生客观审视和评价的能力，可以学人之长补己之短，是高阶思维能力的一种；师评，作为自评和互评的有效补充，可以开阔视野，更加全面客观。

因此，坚持以人为本的科学发展观的本质及核心是：以学生的兴趣和内在需求为基础,以学生的现实生活经验为立足点,以学生主动参与为特征,以促进学生发展为目标。使学生成为教与学的中心和主体,就能解决目前英语教学中普遍存在的"对学习缺乏责任感和热情""没有目标的追求和管理""只会简单模仿和被动接受""不善于独立思考"等问题,从而提升学习策略和方法,培养学生的学习能力。

第二节　学科本色

什么是"本色"？汉语词典里的解释分三层：第一层，"本色"最初指物品没有经过染色的原来的颜色，古以青、黄、赤、白、黑五色为正色，也称本色；第二层，"本色"引指本来面目、本来面貌；第三层，明代一些戏曲理论家把本色的概念引入古典剧论，"本色"成为戏剧名词，被用来阐明艺术与生活的关系，表示艺术应当体现出现实生活的本质状态，同时对语言有所要求，需要反映现实事物的自然状态，质朴自然，不加矫饰。现在，我们提到"本色"，多指事物的本质状态、原有的性质或品质，即实质、本质。

一、语言的本质

要研究英语教育，首先要弄清语言的本质。因为不同的语言观会影响不同的外语教育观的形成。例如，现代语言学的开创者，瑞士语言学家索绪尔认为，语言是一种表达观点的符号系统，一切语言成分都是包含"能指"和"所指"二者之间关系的两面实体（教育资讯，2018）。那么依据他的语言本质观，外语教学的目的就是提高学生运用语言符号进行编码的能力。由此可见，如果把语言看作交际工具，就会把培养交际能力、教学过程的交际化作为外语教育的指导思想；如果把语言看作语言知识体系，就会把掌握语言规则体系作为外语教育的研究方向。因此，对语言本质特征的正确认识是科学外语教育观的指导思想、理论、原则、原理和方法等的根本出发点之一。

什么是语言？在《语言与语言学词典》中，"语言"被定义为人类交际的最重要的工具；《语言与语言学百科词典》认为语言是人类社会用来交际或自我表现的、约定俗成的声音、手势或文字系统；《语言学百科词典》认为语言是作为人类交际工具的音义结合的符号系统；在《不列颠百科全书》中，语言是人类作为社会集团的成员及其文化的参与者所用来交际的、约定俗成的说话和书写系统。此外，有观点认为，语言除了具有交际功能，还要加上思维功能、表情达意功能或指示功能。

从语言存在的意义认识语言，无论哪种界定都体现了语言的三个特性：工具性、交际性和人文性。语言具备的三个本质特点如下：

（一）从应用的角度看，语言是交际的工具

《简明语言学词典》认为："语言是人类特有的交际工具、思维工具，也是人类特有的信息工具。语言结构本身是个音义形结合的符号系统。"《语言学纲要》指出："语言是人类最重要的交际工具……语言是思维工具，也是认识成果的贮存所。"交际功能是语言最基本的社会功能。

（二）从人文的角度看，语言是文化的载体

《不列颠百科全书》将"文化"定义为："广义的文化是指总体的人类社会遗产，狭义的文化是一种源于历史生活结构的体系。这种体系往往由集团的成员所共有，范围包括语言、传统、习俗和制度，以及有激励作用的思想信仰和价值观。"语言是文化的产物，是文化的重要组成部分，更是文化传承的载体。当它作用于人和客观世界的关系的时候，它是认知事物的工具；当它作用于文化的时候，它是文化信息的载体和容器。

（三）从哲学的角度看，语言是思想的本体

本体指事物的原样和自身，也指主体或根本所在。伽达默尔从存在论的角度出发，凸现语言的存在特性。语言不仅是人交际的工具，也是人生存和生活经验的形式。"语言能让某种东西显露出来和涌现出来，而这种东西自此才有存在。""语言是思想存在的住所，世界因语言而敞开，语言使世界成为有意义的世界。"语言就是思想本身，构成了人的存在。语言既是我们在世间存在的基本活动模式，也是世界构成的包罗万象的模式。

二、学科的本色

（一）英语与汉语的区别

同为语言学科，英语和汉语在语言特征及历史文化背景上有所不同，词汇、句法方面也存在一定的差别。例如：英语重结构，汉语重语义；英语多长句，汉语多短句。英语只要结构上没有出现错误，许多意思往往可以放在一个长句中表达，而汉语正好相反，语义通过字词直接表达，不同的意思往往通过不同的短句表达。两种语言在文化层面，包括生活习惯、习俗、思维方式等也存在差异。文化差异是跨文化交际的障碍，应加强语言文化导入，重视文化之间的差异。

（二）大英语教育观

亚里士多德（Aristotle，公元前384—前322年）是古希腊著名的哲学家、科学家和教育家，他的重要著作《政治学》中有关"大教育观"教育思想的阐述博大精深，在两千多年以后的今天对于英语教育优化仍然具有诸多启示。教育是一个多样的、开放的、综合的大系统，其特点包括：时间长（终身教育）、空间广（各类教育）、效率高（智能教育）、质量好（未来教育）、内容多（博才教育）。而我们传统意义上的教育主要是指学校课堂教学和学校教育，可以称作是一种狭隘的"教育"，它已无法与社会、时代相适应。我们必须树立大教育观，从而建立起相应的大教育体系，从更宏观的角度看待英语教育。"大教育观"一般具备以下几个特征：走出单向的授受，走出传统的课堂教学，走出教育的空间（校园），走出学习者的年龄限制。

我认为，英语也应该倡导"大英语教育"。英语教育不能过分强调经济价值，而忽视文化价值和社会价值。英语课程的教学目标和实施办法应超越功利的短目标，发掘英语教学更本质的意义，建立其与成长的强联系。"大英语教育"是针对微观英语教学而提出的宏观英语教育思想，是把英语教育置身于社会生活的大背景中，把英语教育和社会生活联系起来的一种教育思想。"大英语教育"是充分利用现实生活的英语资源，优化英语学习环境，扩大英语学习时空，努力构建课内外联系、学科间融合的英语教学体系。通过培养学生英语语言实践能力，激发学生创造力，促进学生思维发展，完善学生健全人格。"大英语教育"使传统的、封闭的英语教学变为开放的、促进学生主动学习和全面发展的英语教育。它不是狭隘地聚焦英语知识和技能的教学观，而是以满足技能刚需和人格塑造为培养目标，为学生发展和成长铺路的英语教育。相对于只强调英语工具性和社会性的传统教学思想而言，"大英语教育"更适合于当今教学改革的发展和要求。

"大英语教育"应具备以下几个特征：

1. 英语教育连接社会生活

英语教育以课堂教学为轴心向学生社会生活的各个领域开拓、延展，全方位与学生的学校生活、家庭生活和社会生活有机结合起来。让英语作为一种媒介平台融入每一个人的生活里面去，生活处处有英语，生活时时有英语。陶行知先生曾说："生活即教育。"语言是交流的工具，学习语言的根本目的是交流，而不是做选择题或填空题。我们要让英语学习走进生活，让生活英语化，就需要充分利用现代的条件，通过多种渠道和方式，使英语学习与社会生活联系起来，打破以往封闭式的格局。基于生活应用，确定教学目标；基于生活实际，创设教学情境；基于生活内容，设计教学主题。

2. 英语教育连接立德树人

所谓"文以载道"，语言文字是一切人类文化成果的载体。英语教育应着眼于学生的整体、全面发展，而不是只聚焦于英语知识和技能的教学目的，应通过英语教育实现学生德、智、体、美、劳诸育的和谐与统一。"大英语教育"不仅仅把英语视为工具，而是以人的发展作为英语教学的根本目的，把传授英语知识与发展英语能力、发展智力素质和非智力素质有机结合起来。在英语教学中渗透更多的人文教育，促进学生心智、情感、态度、价值观的发展，关注学生语言能力、学习能力、文化品格和思维品质等核心素养的形成。

教师在教学过程中不仅要教给学生语言文学知识，还要立足于培养、熏陶美好的情感、情操，塑造完美的个性品质，帮助学生形成良好的思维方式，发展可支持终身学习的能力。

3. 英语教育连接综合的、学科的核心素养

"核心素养"是近两年基础教育的热词。2016年至今，仅CNKI（中国知网）收录的以"核心素养"为主题的文献就超过6000篇，其热度可见一斑。根据2016年发布的《中国学生发展核心素养》总体框架，中国学生发展核心素养，以科学性、时代性和民族性为基本原则，以培养"全面发展的人"为核心，分为文化基础、自主发展、社会参与三个方面。综合表现为人文底蕴、科学精神、学会学习、健康生活、责任担当、实践创新六大素养，具体细化为十八个基本要点。《普通高中英语课程标准（2017年版）》为英语学科确定了四项学科核心素养：语言能力、文化意识、思维品质、学习能力。"大英语教育"应在教育教学实践中落实学生发展的核心素养和学科的核心素养。根据我国英语教育专家鲁子问教授的归纳，我们可从以下四个方面入手：在语用知识传授与整合式学习中发展语言能力；在中外文化认知与跨文化沟通中发展文化品格；通过课堂提问设计促进思维品质发展；通过互联网等多种方式促进学习能力发展。

维克多·弗兰克尔（Viktor Frankl，1905–1997），奥地利著名精神病学家，从纳粹集中营走出来的幸存者，他创立了意义治疗法，发展形成了"维也纳心理治疗第三学派"。弗兰克尔说："成功就像幸福一样，可遇而不可求，它是一种自然而然的产物，是我们无意识地投身于某项更宏大事情时产生的，或者是为他人奉献时所得的副产品。幸福总会降临，成功也同样，却常常是无心插柳柳成荫。"（英语课程的"大教育观"：技能刚需+塑造人格、为成长铺路，联动英语，2017.10）

（三）英语教育的学科本质

英语界于自然科学和社会科学之间，首先它是语言学科，其次它是人文学科，语言既是文化的载体也是思维的方式，所以，英语学科兼具工具价值和人文价值。

我们先来谈谈英语学科的工具价值。语言的工具性体现在语言的交际功能、认知功能和思维功能上。语言是交际的工具，这是对语言本质的认识，充分体现了英语这门学科作为语言的工具属性。《义务教育英语课程标准（2011

年版）》对语言的工具性描述如下："就工具性而言，英语课程承担着培养学生基本英语素养和发展学生思维能力的任务，即学生通过英语课程掌握基本的英语语言知识，发展基本的英语听、说、读、写技能，初步形成用英语与他人交流的能力，进一步促进思维能力的发展，为今后继续学习英语和用英语学习其他相关科学文化知识奠定基础。"语言是认知的工具。英语除了有交际功能，还具有认知功能，语言促进认知的发展。随着认知科学的发展，特别是认知心理学、认知语言学的兴起，人们越来越关注语言的认知功能，并且在外语教育中越来越重视学习者认知能力的发展。Ortega（2007：180—207）提出了以"认知-互动型的二语习得观"（cognitive-interactionist SLA perspective）主导外语学习的主张，将"发展认知能力"与"培养交际能力"同时作为外语教育的目标。从教材的角度，以初中英语教材《Go for it》为例，这套教材包含五册书，共有61个单元。每个单元不仅有语言功能、语言知识和语言技能目标，还有文化背景知识和学习策略部分。

《Go for it》话题、功能、学习策略统计表

项目	七年级	八年级	九年级	合计
单元数	24	22	15	61
话题数	24	22	15	59
功能种类	35	31	16	81
学习策略种类	15	19	22	29

（注：相同种类的话题、语言功能、学习策略在合计中只算作一项。）

如表所示，《Go for it》涉及语言的多种功能，这些功能多是学生在学习和生活中应用外语进行交际时可能用到的。例如：Agree or disagree, Apologize, Ask for and give telephone number, Ask for permission, Ask for and give directions on the street, Ask for information correctly, Ask about prices, Debate an issue...

英语还是思维的工具。语言和思维形影相随，是不能分离的。思维活动，尤其是抽象思维活动，必须借助语言进行。语言也是人类认知成果的储存场所，思维成果的表达需要借助语言。没有语言材料的基础，没有字词句，概念就没有依托，推理难以进行，思维也就不存在了。没有语言，思维活动无法进

行，思维成果无从表达，语言是人类最重要、最有效的思维工具。思维是人脑的机能，是对外部现实的反映；语言则是实现思维、巩固和传达思维成果（即思想）的工具。二语习得的最终结果是学习者能够用第二语言思考，因此，作为外部输入来源的教材，除了输入语言形式，还必须输入伴随着语言活动的思维活动，尤其是对心智发展极有价值的高级思维活动，例如：Sequencing（识别、排列事物的顺序），Ranking（识别、排列事物的级别），Hypothesizing（对语言进行假设），Classifying（分类），Identifying（鉴别），Comparing（比较、对比）（邹为诚，2000）。

英语的"工具论"是传统的认识，如果仅停留在语言工具观的层面，英语教学的过程容易走向简单化，即只注重语言系统内部的组织规律，以传授语言知识和技能为主。课堂教学基本上属于传授知识的输入型教学，教师的讲解停留在对词、句法结构和文章字面意义理解的层次上，是一种单纯对符号的解码。工具论指导下的英语课堂教学有以下特征：以讲述为中心的教学，以语言形式为中心的教学，以考试为中心的教学。用这种语言观指导外语教学会自然而然地将学习者置于被动接收的地位，教师的主要作用是提供适当的输入，在方法上势必重讲授和操练，而疏于设计活动让学生真正应用所学语言。可见，语言工具论不利于师生人文素养的提高。在语言工具观指导下的教师只认语言，不知文化，或者只晓得文体之美妙，却无法领略其中的哲理神韵和语言本身独具的魅力（李慧，2001）。

在新课程标准中，首次于课程性质部分将义务教育阶段的英语课程性质界定为"具有工具性和人文性双重性质"。英语教学要启发学生的思维能力，挖掘语言所承载的文化内涵，不能只进行语言训练，否则学生只能停留于浅层次交际。

英语的人文性具体体现在英语学习过程需要渗透情感态度、学习策略和文化意识这三个方面（何安平）。

从话题方面来看，《Go for it》的61个单元涵盖了59个话题（"Food"和"Rules"分别出现2次）。归纳起来，这套教材中的话题覆盖了《义务教育英语课程标准（2011年版）》附录中话题表列出的24大类话题。

具体包括：①个人情况；②家庭、朋友与周围的人；③周围的环境；④日常活动；⑤学校；⑥个人兴趣；⑦情感与情绪；⑧人际交往；⑨计划与安排；⑩节假日活动；⑪购物；⑫饮食；⑬卫生与健康；⑭安全与救护；⑮天气；⑯文娱与体育；⑰旅游与交通；⑱通讯；⑲语言学习；⑳自然；㉑世界与环境；㉒科普知识与现代技术；㉓社会与历史；㉔故事与诗歌。

这些话题既可用来培养学生的语言素养，也因其是文化的载体而可以用来培养学生的文化素养，包括本土文化素养（比如关于茶叶历史的话题）和异域文化素养（比如关于新加坡历史的话题）。从七年级下开始每个话题都在Section B部分安排至少一个阅读材料，而八年级下和九年级每单元的最后部分都安排一篇跟话题有关的阅读材料。阅读材料不仅是学生学习阅读技能和语言知识的载体，也是学生了解英语国家及世界其他地区文化的载体，有助于学生增强文化意识，形成正确人生观、良好品德和健康情感。

语言的人文性特征要求我们在外语课堂教学中要发展学生的文化意识，提高学生跨文化交际的能力。外语教学界普遍认为，外语教学应该包含文化的教学。在英语教学中，文化教学具有重要的作用，它对于帮助学生更深刻地理解英语语言现象、增强学生对英美文化的敏感性、培养学生的英语思维能力、拓宽学生的知识面以及提高学生与英语国家人士交流的能力等，都有非常重要的影响（何广铿，2011：246—247）。

对于英语学习者来说，英语教学里的文化主要是指英语国家的历史、地理、风土人情、传统习俗、生活方式、文学艺术、行为规范和价值观念等（教育部，2003：21）。英语课程标准采用国际通用的分级方式，将文化意识目标内容进行分级。倡议学生应该在掌握好语言能力的基础上发展思维能力和提高人文素养。

目前我国英语教育教学面临的问题是：学生语言学习效率不够高，语言能力不够全面，人文精神需加强，思辨能力和创新能力不足，分析、综合、判断、推理、思考、辨析的能力待提高，即席发言难、提问题难、写文章难。《义务教育英语课程标准（2011年版）》提出，教学活动应包括学习语言知识和发展语言技能的过程，应使学生通过接触、理解、操练、运用语言等环节，逐步实现语言的内化和整合，从而提高其实际运用语言的能力。另外，活动应有利于英语学科和其他学科的渗透和联系，以促进学生的认知能力、思维能力、审美情趣、想象力和创造力等素质的综合发展（教育部，2011：19）。

体现工具性、人文性和思维性的学科本色课堂教学应有以下的特征：①重视学生交际能力的培养；②以学生为中心，重视课堂的互动；③重视学生的语言体验、探索、建构；④重视培养学生思维能力的活动；⑤教师善于抓住时机引导学生进行拓展活动，挖掘教材中的思想内涵；⑥教师注重培养学生的学习策略；⑦教师注重培养学生的国际视野和祖国意识等。

以高中英语必修四Unit 1 Women of Achievement为例：

单元的话题是"取得成就的优秀女性"，通过介绍几位不同国度、不同时代、不同职业、不同理想与追求、不同经历的杰出女性，探讨了女性对社会、对人类的价值和贡献，展示了女性的风采和她们在社会各个领域的成就。学习本单元有助于提高对妇女社会角色的认识，了解成功女性的奋斗经历和勇于斗争的精神，培养学生（尤其是女生）的事业心和社会责任感，建立正确的性别观和自信心。

Warming Up部分给出六位不同国度、不同时代、不同领域的杰出女性的画片和简介，要求学生结合以前所学知识，讨论"伟人"和"重要人物"的区别，评判这六位杰出女性能否成为"伟人"，并给出自己的观点和理由。

Pre-reading部分提出了两个问题。要求学生思考两种不同的研究方法（实验室研究法与野外研究法）的优势与不足。

Reading部分以"非洲野生动物研究者"为题，描写了简与她的同事们在非洲原始森林观察非洲黑猩猩的一个片段，并阐释她从事这项工作的重要性以及她所取得的成就。

Comprehending部分有四项练习，分别从不同层面引导学生进行阅读。前三个练习通过选择题、归纳段落大意和填表格来检查学生对阅读篇章的理解程度。练习四要求学生在深刻理解课文内容的基础上，对课文中简的行为表达自己的看法，并让学生设身处地，就是否愿意从事野生动物研究作出选择。通过讨论四个开放性话题，坚定学生保护动物的信念。

Learning about Language部分着重于词汇和语法的训练。本部分通过不同形式的练习，帮助学生熟悉构词法、重点词汇和短语，并掌握"主谓一致"这一重要的语法项目。

Using Language部分包括了听、说、读、写四部分，旨在训练学生的综合能力。本部分的话题仍围绕"Women of Achievement"。阅读部分介绍了我国著名妇科疾病专家林巧稚；听力部分要求学生根据材料，列出女性通向成功道路上所面临的特有的困难；说的部分运用介绍人物品质和个性的形容词来描述杰出女性的qualities或personalities；写的部分可以说既是Speaking部分的具体落实环节，又是Speaking部分的升华。

Summing Up部分让学生从内容、词语和结构三方面对本单元知识内容进行归纳、总结、梳理，使重要知识条理化、系统化、清晰化。

Learning Tip部分就人物描写提出建议，即抓住人物的性格、特点、所遇困难及克服困难取得成就的过程。

教学导向

语言功能	主谓一致； 描述人物的词汇、句型。
语言目标	学习描述人物的词汇、句型； 掌握描写人物的写作方法； 掌握集体名词的数。
语言结构	掌握同词根的动词与名词的构成关系； 学习英语的构词法。
重点词汇	学习描述人物的词汇、句型。
学习策略与思维技巧	思维导图； 记忆规律； 训练形象思维和抽象思维。
跨学科学习	结合历史学科，了解历史上伟大女性的生平故事，研究其品格特质； 结合政治学科，探讨女性在社会发展中的地位变化。

从单元整体教学设计来看，该单元的教学体现了工具性和人文性的统一，也利用教学过程培养了学生的思维能力。语言功能统摄了语言目标、语言结构和重点词汇的教学。为了培养学生能够用英语谈论规则这个语言技能，教学时

需处理用什么语言结构和一些相关的词汇。这部分的教学以培养学生的交际能力为主，体现了语言的工具性。同时，该单元的教学导向并不仅仅停留在语言知识和语言技能的教学上，而是把学习策略、人际交往、逻辑推论和哲理思考的培养也包括进来。该单元的任务设置体现了英语教学活动的工具性和人文性。Ribe和Vidal（1993）认为，任务具有三个层次的特征。

第一层次的任务是学生开展交际活动的小型任务，任务的出发点是培养学生的交际能力。第二层次的任务是促进认知发展的任务。这一层次的任务不仅要发展学生的交际技能，更主要的是训练他们的认知策略，同时培养其合理组织信息、分析问题、处理问题的能力，使其养成理性的思维方式。第三层次的任务是塑造和发展学生个性的任务。这个层次的任务目标不仅包括第一、第二层次的培养目标，还包括促进学生心智的提高和全面的发展。可以说，每个层次的任务各有其侧重点，后者涵盖了前者，是一种螺旋式的上升。

该单元的教学可以围绕下列四个任务展开：

任务内容

任务一	describe a successful woman around you
任务二	describe a successful woman in our country
任务三	describe a successful woman in the world
任务四	describe a controversial woman in the world

分析：这四个任务的设置遵循任务层次性原则，任务一和二是谈论学生身边和我们国家出现的成功女性；任务三是谈论世界范围的成功女性；任务四是在任务一、二、三基础上的拓展和加深，此任务的完成具有一定的挑战性，学生的思考要有一定的深度和广度。学生谈论的范围从身边到社会，从单一立场到多元维度去评价一个人物。话题从贴近自己生活到远离自己生活，学生的认知负担也从小到中再到大。

文化意识目标和描述

文化意识目标	文化意识目标描述
三级	意识到语言交际中存在文化差异
四级	在学习和日常交际中注意到中外文化的差异
五级	进一步增强对文化差异的理解和认识

基础阶段的文化教学主要通过在教学中导入文化的内容，即文化导入。文化导入的内容具体可概括为四个方面：①与词语有关的文化；②与篇章有关的文化；③与交际环境有关的文化；④与非语言交际有关的文化。而常见的文化导入方法有：①注解法；②对比分析法；③文化包；④文化体验（何广铿，2011：256—259）。

李筱菊（我国交际教学法的倡导者之一）表示："英语教育，作为总的教育下的一个部分，它的宗旨应该是培养能思（有思想）、能感（有感情）且能用英语进行自己思想感情和他人思想感情交际的人。过去从上而下的教改，往往只抓第三个能，所以不可能成功，人不会思想，没有感情，又拿什么去交际呢？所以说，英语课不是一门单纯语言技能课，是一门humanities课。"（李华、何安平，2012）

所以，英语教育的学科本质可以用"一体两翼"概述，一体为核心和主轴，两翼为辅助和工具。"一体"指的是学科教育应以语言能力为核心，"两翼"指的是人文和思维。同时，英语学科教育应兼具两个导向：输出驱动为导向，整体输入为导向。我认为，成功的英语教育应该培养学生应用跨文化的思维和知识，做到"三能"——能用，能感，能思。

第三节 思维本质

一、思维能力的概述及分类

思维能力是指人们在工作、学习、生活中每逢遇到问题，总要"想一想"，这种"想"，就是思维。思维是人脑对客观事物的概括的、间接的反映，反映的是事物的本质和内在的规律性，是人的高级认识形式。思维能力是学习能力的核心，是智力的核心部分。

关于思维能力，学术界提出很多种分类方式，大致可以细分为20多种。主要有形象思维能力、抽象思维能力、质疑思维能力、联想和想象能力、分析思维能力和综合思维能力，此外还有比较能力、分类能力、记忆能力、语言符号能力、归纳与概括能力、演绎能力、转化能力、解析与论证能力、判断能力、建模能力、观察能力、工具运用与发明能力、程序思维能力等。

二、思维能力的重要性

穿越人文时空，纵览民族兴衰，俯视文明冲突，我们能深刻体会到教育对于一个民族的文化内核、文明程度、综合国力的决定意义。随着科学技术的发展、人工智能时代的来临，未来世界的基调似乎已然奠定：以知识、重复性技能为标杆的传统教育或将淡出世界的舞台，而以思维能力和创新能力为核心的素养越来越成为人才竞争力的评价标准。国家的希望在人才，人才的希望在教育。

学校教育的核心在于实现人的全面发展。人的全面发展，有三个基本素养：知识广度、思维深度、创新高度。知识使人丰富，思维使人深刻，创新使人发展。

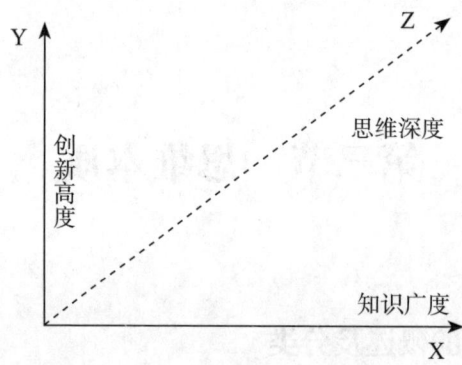

知识广度，需要长期的学习。这个过程针对知识本身，需要靠积极思维去消化，靠科学创新去引领，而不是单凭记忆去占有，这样才会成为有用的知识结构，才是真正的知识，即真知。真知需要在实践中获取，深度思考不断提高认知层次，高度创新不断提高发展能级，才能成为智慧。

三、学习的本质就是思维

思维能力决定着孩子的未来。苏联教育家苏霍姆林斯基说过："一个人到学校上学，不仅为了取得一份知识的行囊，而主要应该获得多方面的学习能力，学会思考。"在信息技术高度发达的时代，知识可以从各种途径获取，而思维能力和思维方式才是一个人的核心竞争力，思维能力和创新能力则是人与组织发展中的核心驱动力和核心竞争力。相对而言，思维能力是核心驱动力，创新能力是核心竞争力。思维能力是认知和行为的高级形式，贯穿人的一生。在"认知能力"的谱系中，记忆能力属于低级认知能力，而思维能力属于高级认知能力。以记忆力为核心的应试技能，对于增强国际竞争力没有实质价值，因为记忆只能"记已有的旧知识"，而各国竞争拼的是"谁先拥有新的知识和技术"，拼的是思维能力和创新能力。

（一）学科教学处处都可以训练思维能力

每个孩子都是有独特生命力的、自主思考的、有个性和兴趣的鲜活生命体，不应被考试、分数扼杀了个性和创新。在我们的学科教学之中，不仅包含静态的知识，还包含动态的思维过程。因此，我们不能仅仅停留在静态知识的教和学上，还应让学生在学科知识的发展过程中经历思维的过程，只有让学生在学习中经历思维的过程才能让他们得到真正意义上的发展。

　　思维能力是学生核心素养的重中之重。《普通高中课程方案（2017版）》中，明确提出了学科核心素养。其中九大学科的核心素养中都对思维培养提出了要求，可以说思维培养是学科核心素养落地的关键。那么在学校教育中，思维能力该如何培养？围绕思维培养，学校可以构建学科类和活动类两大课程。学科课程以融入式、嵌入式和并列式三种方式进行。融入式指的是在各学科教材中挖掘"思维因子"；嵌入式指的是开设语言思维和数学思维课；并列式指的是综合思维课。渠道虽然有很多，但主要还是要从国家教材、从学科角度、从课堂教学出发。数学、物理、化学这些理科培养思维能力自然不必多说，数学培养人的逻辑推理、抽象思维能力，物理培养人的空间思维。比如，类比迁移思维是指突破问题的结构范围，从其他领域的事物、事实中得到启示而产生新设想的思维方式。物理学中的"阿基米德定律"就是这一思维的具体例证。又如，逆向思维是与一般的正向思维相反，与传统的、逻辑的、习惯的思维方式不同的一种思维，它要求在思维活动中，从两个相反的方向去观察和思考，常常导致独创性的发现。在物理学科中，法拉第由电生磁想到了磁生电，正是逆向思维的有效运用。

　　那么人文学科能不能培养人的思维能力呢？当然可以。语文学科中，《诗经》中的"他山之石可以攻玉"就是运用类比迁移思维方式，小学语文中"司马光砸缸"的故事就揭示了逆向思维，正常人的思考是让人脱离水，而司马光的思维是让水脱离人。自古以来，唐诗宋词就是非常培养人的想象力的，写作需要把握逻辑关系，这就是一种思维的基础。作为语言的英语学科自然也不例外，语言本身就是思维的符号，是思维的物质外壳，是思维的载体。总而言之，我们现有的学科学习中就蕴含着思维，关键在于我们的教育者能否认识到这一点。我们应该懂得利用学科本身的特点来挖掘思维能力的训练点，从而提升孩子的思维，学习思维不是外加的，而是学科教学中应有之义。

（二）英语教育中思维能力培养现状分析

学生在学习英语的过程中主要通过思维去掌握语言的本质，从而增强语感。不善于运用思维就不能很好地掌握语法概念、理解教材内容、解答各种习题，也就不能达到运用英语进行交际的目的。因为在学习英语的过程中要求各种类型的思想活动，思维与英语学习的效果有直接关系，所以，在英语教学中发展学生的思维能力是十分重要的。

在当前英语教育中，存在着一些影响学生思维能力发展的因素，需要教师在教学中加以重视，避免阻碍学生思维能力的发展。比如，英语课堂教学与其他学科相比，更多的是机械性的领读、跟读等，思维能力培养的重要性不突出，不少教师课堂中过分注重语法和词汇知识的讲解和灌输，呈现、操练方式简单直白，解决问题浅尝辄止，问题的答案设置单一，情景创设不够真实，教师讲多，学生学少，整体上倾向于重语言能力培养轻思维能力培养，缺乏对学生思维能力的训练和思维方法的引导。因此，教师应该规避填鸭式教学，让学生在思考中获取知识。

（三）英语教学中思维能力培养的策略

思维教学遵循"三多"原则。任何学习都是通过思考进行的，没有学生的思考就没有真正的学习。教师要学会放手，让学生自己组织学习的过程，完成思考和探索，教师在课堂上要坚持"三多"原则，多鼓励，多给学生思考的时间和空间，多给学生展示的机会，成为学生思考学习的指导者和组织者。

1. 多给鼓励

美国作家爱默生说过："自信是成功的第一秘诀。"鼓励是学生建立信心的基石，有了自信，学生才会主动地学习。教师不要吝啬鼓励。教师一句真诚的激励的话语，一个赞赏的眼神，就像春风和雨露，滋润着孩子的心灵，让他们扬起自信的风帆，让他们的思维真正"动"起来。

鼓励参与。参与学习是发展学生思维的前提条件。教师要善于运用语言和其他评价方式鼓励学生参与学习、积极思考、踊跃发言，养成主动思维的习惯。

鼓励质疑。古人云："疑是思之始、学之端。"疑是吸取知识的动力，有疑才有问，有问才有究，有究才能打破思维平静，从而使学习深入，使智力得到开发。教师要善于利用学生已有的知识，巧妙点拨，在语言操作过程中训练学生的思维能力，从而达到发展思维的目的。让学生在不断提出"为什么"的过程中提高思维能力。

鼓励想象。想象是人进行思维的重要能力，没有想象思维就不能进行。教师要利用课文插图和开放性问题刺激学生发挥想象力，进行创造性的思考、学习。

鼓励创新。整个人类历史，就是一个不断创新、不断进步的过程。没有创新，就没有人类的进步，也就没有人类的未来。教师要鼓励学生打破思维定势，发散思维，多角度、多方面思考问题，寻求解决问题的途径。

2. 多给时间

时间是促进学生课堂主动学习的前提条件。教师要给学生充足时间，让学生仔细地阅读、观察和思考，最终解决问题。千万不要学生还没开始交流，脑子还没发动就给叫停了。这样的课堂没有给学生思考的时间，最终孩子什么都没记住，什么都没有学到。

3. 多给机会

促进学生思维发展的关键是给其制造表现的机会。只有给学生表现的机会，才能不断激起学生的自信，学生才会大胆发表见解，大胆展示思维的结果。

提高学生的思维能力是一个长期的过程。在课堂上我们带着"发展学生思维"的理念开展活动，让思维成为贯穿教学前后的主线，在整个教学过程中激发思、指导思、训练思、培养思、发展思，使学生展开充分活跃的思维活动，从而浇开思维之花，为学生终身的幸福奠下坚实的基础。

（四）英语教学中思维能力培养的实施

英语教学中，我们在不同主题的背景下，把思维能力提取并细化，渗透在教与学的各个环节中，为培养和发展孩子的思维能力提供基础和依据，这是我们教育教学的出发点和最终目标。

英语教学中，高阶思维包括：reorganize, respond to, research, give

reasons（logical thinking）, relate to, make predictions, imagine, compare and contrast, create, problem-solving, critical thinking... 低阶思维包括：repeat, retell, remember, receive, recite, review, recall...

1. 词汇教学中思维能力的培养

苏霍姆林斯基说："人的内心有一种根深蒂固的需要——总感到自己是一个发现者、研究者、探询者。在儿童的精神世界中，这种需要特别强烈。"学生思维发展的基本特点是从以具体形象思维为主要形式逐步过渡到以抽象逻辑思维为主要形式。在初中起始年级的词汇教学中可以直观教学为主，随着年级的增高，学生的抽象逻辑思维逐渐占主导地位，仅仅知道意思已经不能满足学生的需求了，可以加大难度，进行词汇横向和纵向的拓展学习，培养学生的发散思维和纵向思维能力。例如，采用以旧引新的方法学习词汇，培养学生类比分析和知识迁移的思维能力。在教新单词test和gate的时候，引导学生从对best和late的已有知识经验中类比得出新单词的读音。在教excited的时候，可以进行横向的拓展学习，让学生积极开动脑筋，调动已有的知识，回忆以前所学的有关情绪的单词。学生的思维和知识打开了，他们会列举出happy、worried，也会急切地想知道其他的情绪词汇，教师可以进行补充，列举出sad、angry、anxious等，同时训练学生的分类思维能力。此外，可以布置学生课前课后上网或者查字典进行学习，不只局限于课本的单词。还可以进行深入一步的突破学习，通过音标、英英解析和单词使用的教学等，训练学生的纵向思维。

2. 语法教学中思维能力的培养

有些学生在低年段时英语成绩非常好，随着时间推移，英语成绩变得非常不稳定，时高时低。明明学习态度、学习动力等都没有问题，很多课余时间都在学习英语，可为什么成绩不稳定呢？查阅其英语试卷会发现，阅读理解、语法、填空部分失分较多，而单纯记忆的部分基本上没有失分。造成这种情况的主要原因之一是老师教学中对其学习方法引导不到位。学生在学习上采用死记硬背的方法，缺乏思维的参与，对于一些语法知识的具体运用缺乏思考、分析与总结。教师在语法教学时重语法规则讲解，缺乏学生自主的观察、发现、分析、推理、归纳，没有形成学生对问题的独立解析。

语法教学应该让学生在所呈现的事实中去发现、归类、分析、推理、预测，最后形成对问题的解释。时态教学是整个中学阶段的重点，也是难点。例如，在教一般将来时的时候，教师可以先给学生创设一个将来的情景，让学生有个时间上的意识，然后将相关的句子呈现出来，让学生去观察、比较、讨论，进而得出结论，即一般将来时表示将来某个时间要发生的动作或存在的状态，以及计划、打算或准备做某事，常常与表示将来的时间状语连用。之后教师可以围绕句子间的相同之处进一步提问，让学生继续思考，寻找答案，然后教师再对be going to do进行总结。得出结论后可设计不同层次的巩固练习，这样学生参与思考的效果会更好。关于will do和be going to do的区别可以放手让学生回家查找资料进行学习，然后回来进行小组讨论汇报，把学生的积极性调动起来，让学生在家也投入到学习中去，训练学生的观察、分析、抽象、概括和归纳的思维能力。

3. 课文教学中思维能力的培养

课文教学不能只停留在会读和能理解的水平上，要让学生在理解的基础上学会思考、学会分析、学会想象。对学生的思维进行培养，教师需要注意以下几点：

（1）在情境中点燃思维火花。教师要注意创设有趣且贴近生活的情境，激发学生的兴趣，打开思维的源头。每个单元的第一部分是Let's read和Let's talk，主要是对话和陈述性的文本，篇幅都比较长。教师在进行教学的时候一定要创设有趣且贴近生活的情境，避免直接讲解，否则学生就提不起兴趣，更别说积极思考了。教师在课的开始就要注意情境的创设，把学生的注意力牢牢抓住，激发学生兴趣，点燃其思维的火花。

（2）利用课文插图训练思维，如观察、分析、想象和质疑的思维能力。古人云："疑是思之始、学之端。"低年级学生主要以形象思维为主，教师要充分利用课文的插图，让学生观察图片，提出问题，发挥想象预测事情的发展，达到思维和语言的同步发展。例如，在必修四Unit 1 Great women and their achievements这一课，教师就可以引导学生仔细看教材提供的六幅图，当学生通过观察提出"Who？""How？""Why？"等问题时，他们对本单元的人物介绍和课文的难点、疑点也就有了大致了解，提出疑问后组织讨论解疑，预测事情的发展，利用想象解疑，在此基础上再有针对性地学习。

（3）利用开放式课堂提问促进思维发展。培养学生的思维能力，最主要的是设置开放性的问题。教师要注意把握提问的类型和提问的层次，可根据课文插图提出"What...？""How...？"之类的开放性的问题，而不是把一切知识点都填鸭式地喂给学生，否则久而久之学生的脑子就容易变"懒"，变得不愿意动脑筋思考问题了。如在必修四Unit 4 Body Language的Listening and speaking教学中，教师可以根据P32提出问题，引导学生猜测事情发展，让学生带着疑问去听材料，从而掀起学生思维活动的波澜，调动学生思维的积极性。

（4）利用文本扩展激疑，训练学生的创造思维。

① 巧用教育机智，训练发散和聚合思维。教师应抓住学生的好奇心理，活化英语教材，提倡一题多议，打破常规，使教学向纵深处发展，鼓励学生多角度、多方向、新颖独特地提出和解决问题。如在进行Unit 3 Healthy Eating教学的时候，教师可以对课文的文本内容进行扩充，训练学生的创造性思维。在进行"健康"主题的对话时，打破课文的框架，使学生无法按原有思路完成这一对话，情急之下，他们会说出许多课文中没有的句子和词汇。有时，对教材的扩展会超出学生解决问题的能力范围，但却因此激起了他们的疑问，引发他们在课外、在今后的学习中努力寻求解决的办法。

② 创造性复述，训练想象和概括思维。复述是一种培养学生各种语用能力和创新思维的有效方法。教师在英语课文教学后让学生进行创造性的复述，能促进学生语言知识能力的迅速转化，有利于开发学生的智力，培养学生丰富的想象力，开发学生的创造性思维。可以让学生变换人称进行复述，也可以让学生变换体裁进行复述。例如，可以将Unit 5问路的对话变成陈述性的复述，可以将Unit 6的内容变成对话的复述，让学生在把握原文主题、故事发展的基础上进行大胆、合理的想象，对原文内容和形式进行加工、整理、归纳、改写，之后进一步完成复述。

③ 观点拓展，发展发散和辨析思维。教师在课文教学中还要对文本中所含的观点进行拓展，引导学生各抒己见。拓展文本相当于拓展了学生的思

路，既训练了发散思维，又培养了语言运用。例如，Unit 9 Be Careful中提到"Cooking can be fun"，可以让学生就这个观点发表见解。当学生可以用英语流利地进行辩论，不断产生新颖的观点，不断碰撞思想的火花，当学生可以用英语分享各自的想法，大胆地表述或批判某个观点，我们所追求的英语教学的最高层次不就达到了吗？

④ 给定题目演讲，发展发散思维。给定题目的演讲（Presentation）是目前国际教育界流行的培养学生想象、概括、思考、分析、批判、推理、创新等思维能力的一种教学形式。教师可以根据教学内容先给出一定的题目让学生准备，也可以在上课时给出题目让学生即兴发挥，要求学生能清晰地、有效地、符合逻辑地表明自己的观点和分析的结果，同时鼓励其他同学对其观点和结论提出质疑，让学生在苏格拉底式的学习气氛中发展思辨能力。这种形式比较费时，对学生的要求也比较高，通常可以一个星期组织一次，可以从一个简单主题观点的陈述开始。例如，教师可以组织学生进行"I Travel"的主题演讲，要求学生除了陈述某次旅行，还要发表自己对旅行的看法等。

（5）课后巩固拓展中培养思维能力。

① 布置开放性作业，全面提升学生的思维能力。在学生掌握了部分词汇和句型后，布置一些开放性作业，让学生自己尝试仿写课文。

② 准备主题汇报，利用思维导图和手抄报对所学的知识进行整理归类，制作阅读卡和推荐卡等，充分发挥学生自由想象的空间，最大限度地训练和发展学生的思维能力，特别是创新思维能力。

③ 可以利用思维导图对词汇进行归纳和扩展。思维导图是一种非常重要的思维形式和思维训练。它是基于放射性思维的有效的图形工具，通过一幅幅形象的"图"直观呈现人类大脑的放射性思维过程，使人类大脑的思维可视化。它符合初中低年段学生思维以形象思维为主的特点，有助于培养学习者的高级思维技能。例如在第一单元的学习中，可以让学生预习或学习后归纳季节，也可以加大难度，像图2那样配上插图、写出例句、写出喜欢做的事情，还可以让学生对自己喜欢的季节进行写和画。学生在完成作业的过程中，思维呈现的是"一题多解"的扩散模式，思维异常活跃。对于课文和整个模块，可以让

学生用导图或者手抄报的形式，将各种零散的智慧、资源等融会贯通成为一个系统。

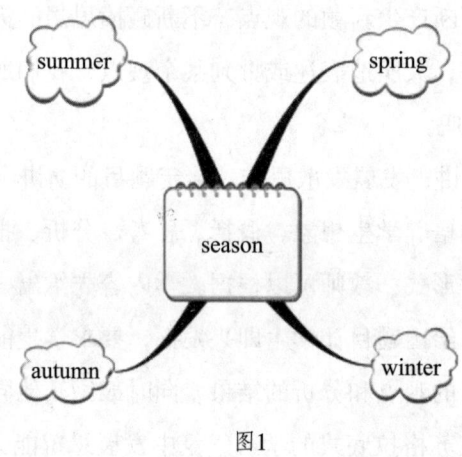

图1

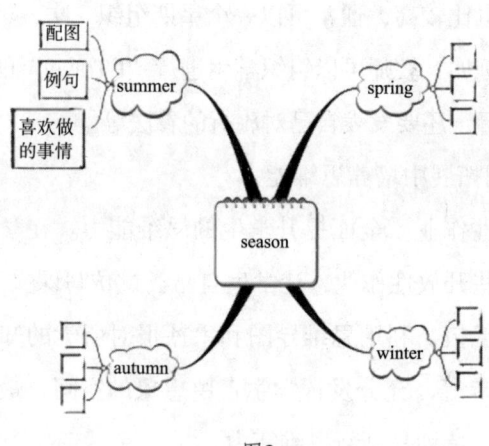

图2

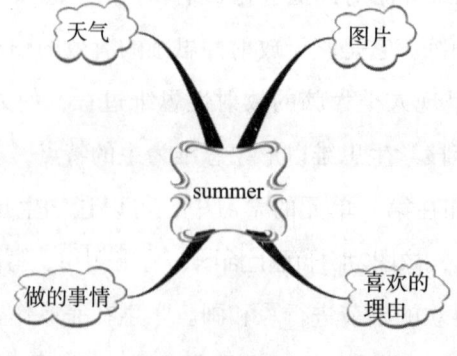

图3

学习的本质就是思维，思维能力决定着孩子的未来。围绕思维培养，学校的英语教育可以构建起学科类和活动类两大课程。学科课程以融入式、嵌入式和并列式三种方式进行。融入式指的是在英语学科教材中挖掘"思维因子"；嵌入式指的是专门开设语言思维课和数学思维课；并列式指的是综合思维课。学校要首先引导教师们挖掘教材中的"思维因子"，开展相关的研讨活动。然后，针对课堂上师生教与学的过程中思维指向性不清晰的问题，引入思维导图等工具进行课堂观察。目前，天河外国语学校利用"先学后教，以学定教"的模式，摸索出"三段式"思维训练，包括"课前预习问思""课中探究展思""课后拓展反思"。课堂上利用导向案设计进行导思、导学和导疑。我在课题研究过程中，提出了五大策略：问题生成策略、阶梯教学指导策略、深度对话策略、思维导引策略、交互评价策略。每一个策略背后都有相应的支撑。英语教育应从实践中来，再到实践中去，让学生在场景中启发思考，在思创中启迪智慧，在智慧中快乐成长。只有如此，学习才会真正成为生命的乐趣，成为新文明、新发展的动力源。

第三章

实 施

第一节 课堂建模——"诊断式课堂"

一、基本环节

自学把脉——互学观情——交流诊断——阐理治疗——反思康复

二、建模情况

1. 与专家进行了相关论证，确定了基本流程，并在数学科开始试验。

2. 针对建模工作，成功申请了广东省十二五课题"基于小班化教学的课堂互动模式研究"，已经完成了开题工作，正在着手进行课堂观察，研究互动模式的基本要素。

3. 我校英语学科已经开设了学校的建模研讨课（授课人为陈迪），在天河区的建模公开课上（初一、初二各2人），陈迪老师的课得到区初中英语老师、剑桥大学出版社大中华地区教学顾问Jane Lu的高度评价和认可。

4. 细节解读。

（1）关键词

互动——教学任务是否强调师生之间、生生之间的交流沟通，彼此关爱理解、共同分享鉴赏等。当然，这里的"互动"不是一般课堂教学中常见的讲解、提问等"继时互动"，而是生生之间讨论、展示、争辩、操作等"同时互动"。

互助——教学任务是否包含了不同层次的要求，有可能产生一定的分化或理解、掌握上的屏障，会自然地形成求助与助人的需求。

协同——教学任务是否只有经过小组成员责任分工、角色轮换，发挥自己的优势与吸取别人的长处相结合，集思广益、取长补短、协作共事、齐心协力才能完成。

整合——教学任务是否体现了跨学科性、综合性、任务驱动性以及项目型学习的特点，是否要求不同观点、不同材料、不同解题思路或方法的汇总综合，是否涉及去粗取精、由表及里、去伪存真、从特殊到一般的过程。

（2）仪态规范（天外课堂规范）

自学——小组成员独立学习，独立思考，不交流，不讨论。

助学——大胆发言，懂得礼让，轮流发言，他人发言时要注意倾听，做好记录。

展学——展示时不相互推诿，主动承担展示任务，发言时力求脱稿，用语规范，声音洪亮，板书工整。没有展示任务的成员要注意倾听，做好记录。

评学——态度真诚，意见中肯，质疑、释疑、对抗、补充要等他人表达完毕后进行，不随意打断他人的发言。

发言前使用"我们小组认为……"，发言后使用"谢谢""请本组同学补充""请其他小组指正"等语言。遵循"天外课堂四声"：发言大声，讨论小声，聆听无声，质疑有声。

（3）小组合作的理解

知识重点　　　合作巩固

知识难点　　　合作攻关

知识生长点　　合作催生

知识易错点　　合作辨析

知识遗忘点　　合作记忆

（4）时段划分

课上——激励、评价、点拨、引领、控制

"三精讲"：重点、难点、知识易错点

"三不讲"：学生能通过自己独立学习解决的问题

　　　　　学生能通过合作互学方式解决的问题

　　　　　学生能通过生生相传方式解决的问题

课后——落实、监管、反馈、沟通（作业批改、试卷评讲、学生心理辅导、导学案检查、小组学习意见反馈等）

（5）三学循环模式

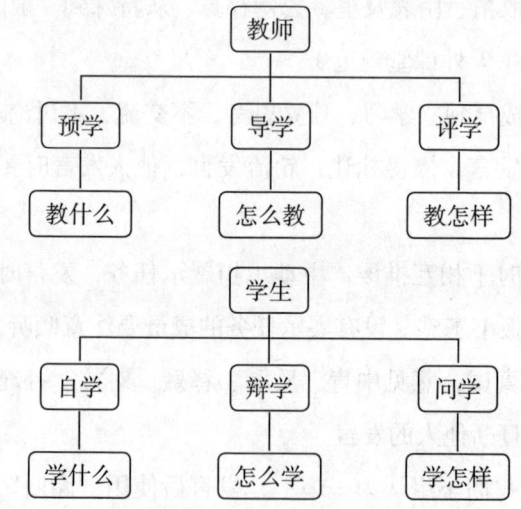

小班化的小组"三学循环"

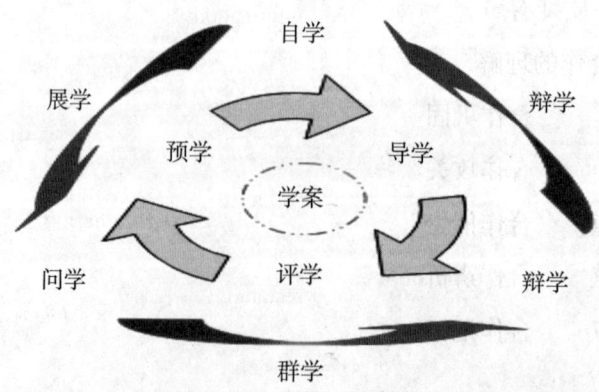

小班化合作互动教学建模研究方向

数学教学建模
- 小班化教学建模理论
- 新授课教学建模
  - 概念教学合作建模
  - 定理法则教学建模
  - 数学应用教学建模
  - 图形推理教学建模
- 习题课、复习课合作教学建模
- 试卷讲评课教学建模
- 活动课教学建模
  - 学科活动课互动合作模式
  - 综合活动课互动合作模式
- 信息技术与数学教学整合课教学建模

（6）英语学科建模

① 英语学科主要基于生本及合作学习的理念，创设了"三段式英语读写课模式"，具体如下：

课前读写，以读带写—课中写评，以评促写—课后读写，拓展提升

② 以初二陈迪老师天河区建模公开课为例

附：

Teaching Procedure 教学过程

教学环节设计表

教学环节		教学内容	活动设计	活动目标
Before class	Pre-reading	Presentation and activation	Activate the background information	阅读环节是通过前置性学习完成，主要分三步：读前，激活思维；读中，阅读观察；读后，内化尝试。引导学生通过课文篇章阅读学习写作的技巧，为新的写作训练架起"引桥"，以读促写。
	While-reading	Reading and imitation	（1）Skim to learn about the structure （2）Scan to learn about the expressions	
	Post-reading	Internalization and application	（1）Internalize what can be learned from reading （2）Try a hand at writing a short essay	

续表

教学环节		教学内容	活动设计	活动目标
In class	Presentation	Enjoy a fragment of the movie "I, Robot"	Task: Which year is it in the film? What will the robots look like in 2035? What will they do?	这是写前环节。通过对阅读练习的处理，利用阅读材料帮助学生搭建话题的支架和写作的篇章支架。首先，通过观看影片导入话题，激发兴趣；其次，小组展示自学成果，表达自我感想，为写作铺垫；最后，教师点评反馈。
	Pre-writing	Display the students' findings in their previous assignment	Group 1: pre-reading	
			Group 2: while-reading	
			Group 3: post-reading Mindmap the gains	
			Group 4: post-reading A short opinion essay	
		Feedback on homework	Focus on the important points	
	While-writing	Write an opinion essay with the imitation of the reading	Choose one of the subjects on P45	尊重学生的选择。
			Have co-operative writing in groups	合作写作，生教生，以强带弱，共同发展。
	Post-writing	Improve the writing by means of evaluation	Make comments on the peers' essays	生评生，师评生，以评促写，引领提升。
		Improve the critical thinking	Enjoy a video to think out of the box	培养批评性思维，引导学生思维进行纵深发展，为作业布置正反观点的作文学习进行铺垫和准备。
After class	Summary	Reflect	Free talk	从opinion essay的写作拓展到pro-con essay写作，帮助学生继续深化"以读带写，以评促写"的策略。
	Assignment	Give expanding assignment	Assign another reading-writing task	

第二节 教学特色

一、我的教学风格解读

从教近二十年，我不断思索和探寻教学实践的丰富内涵。在哲学层面，中国传统的道家哲学思想体系给我以极大的启发。老子的思想体系核心是崇尚自然、顺其自然，"无为而无不为"。他在《老子》第四十一章提出："大音希声，大象无形。"至美的乐音、至美的形象已经到了和自然融为一体的境界，反倒给人以无音、无形的感觉，谓之"无痕"。在艺术层面，无论是文学、音乐、摄影，还是戏剧和绘画，作品中的留白以无胜有，具有很高的审美价值，是一种智慧，也是一种境界。

在教学实践中，我一直追求"无痕·留白"的教学风格。"无痕教育"是美国著名成功学家卡耐基提出的"将教育的意图掩盖起来"的教育艺术，是一种充满人文关怀的超凡教育智慧，实践中大多应用在德育方面。江苏省数学特级教师徐斌老师出版了专著《追寻无痕教育》，他把"无痕教育"放到了数学课堂教学上，以"无痕教育"所彰显出来的人性化和科学性来指导数学学科的教学行为。

我理解的"无痕"，是教学的自然和谐，包含了三个维度：第一，形式上的无痕，教学过程体现的是一种行云流水般的从容节奏，无声无息、无缝无形，却有声有色、有滋有味；第二，内容上的无痕，是尊重学生学习的规律、思维发展的规律，从直观知识到抽象知识、从简单知识到复杂知识之间提供巧妙的过渡，搭建有序的阶梯，让学生在不知不觉中开始学习，在不露痕迹中理解，在潜移默化中掌握，在春风化雨中提升；第三，精神上的无痕，是让学生在一种身心舒畅、愉悦的状态下完成知识体系、思维体系的建构，而留存给学生的一定是"有痕"的能力和素质。

我在"无痕·留白"教学风格的形成中提出以下要点："三自"，即"自然开始—自在建构—自如应用"；"三还"，即"把讲的权利交还给学生，把问的机会交还给学生，把评的自由交还给学生"；"三留"，即"保留学生自主学习和展示交流的时间，保留思维、语言、活动的进展，保留自行解决问题的空间"。

二、我的成长历程

我曾就读于四川大学，所学的是非师范类英语专业。有一次我看到了一则英文故事，它改变了我的人生，使我毕业后选择了当一名中学教师。故事的题目叫《建一座通往心灵的圣殿》，故事内容大致如下：

一位十五世纪的宗教学家在一本书中记录了一件转折他人生的小事。一天，他路过一个巨大的工地，看到所有的苦工都在那里汗流浃背地搬运砖头，很好奇他们在建造什么。于是，他来到一位苦工面前问道："您在做什么？"那位苦工特别没有好气儿地说："看不见呀，这不是搬砖呢吗？"他又来到第二个人面前，问："您在做什么？"第二个人比较平和，把手里的砖砌齐，回答道："我在砌一堵墙。"当他来到第三个人面前，问了同样的问题时，第三个人非常从容地放下了手中的砖，擦了擦头上的汗，脸上露出一种幸福的光彩，回答说："您问我吗？我在建造一座心灵的圣殿。"

这是一个怎样的故事？为什么对同一件事，却有着三种不同的解读？

第一个人是现实主义者，因为所有他受的苦都是真实的；

第二个人是职业主义者，他知道这是他的工作，尽管没有热爱，但他明白自己要忠于职守，完成自己的任务；

第三个人是理想主义者，他认为做的每一件事，砌的每一块砖，都通向自己心灵中的那座圣殿。

据此对教师职业加以理解，教师也可以划分为三类：一是把做教师作为职业。这类型的教师，把职业视为付出劳工交换报酬养家糊口的谋生之所，既然是谋生之所，便少不了斤斤计较、患得患失。二是把做教师作为事业。这类型的教师，把职业视为实现个人价值的舞台，他们渴望来自他人尤其是学生的肯定，工作往往会成为他们生活的核心，关系着他们的喜怒哀乐以及成就感。三是把做教师作为志业。这类型的教师，把职业与生命融为一体。

我的愿景是：把教育当事业，通过自身的专业成长，努力成为一名师德高尚、知识全面、教艺精湛、视野开阔、富有个性与魅力的教育教学专家，不断丰富自己的归属感、幸福感和成就感。

（一）爱岗敬业，践行理想

1. 吃苦耐劳

在天河区几任校长的带领下，我参与了好几所学校的创办。都说做开荒牛很累，但我坚决服从组织上的工作安排，无论在哪所学校，都能做到爱岗敬业、以诚相见、坚持原则、顾全大局、任劳任怨。我深深地知道，学校是我的主阵地，课堂是我的主战场，我一直在不断地加强自身职业道德的修养，不断提高工作效率、工作质量，努力塑造作为一名优秀人民教师的人格魅力。

2. 爱岗乐业

在天河外国语学校创办的第一个学期，我负责教导处工作，除了繁杂的行政事务外，我还承担了6个英语A班的教学，每周上12节英语课。为了提高教育教学效益，我充分利用网络资源做好网络教学和家校联系，同时积极进行英语教学实验。我经常收到家长和学生们发来的E-mail、QQ留言和微信留言，关于学习上的难题、教学上的建议、成长中的困惑等等。在这个完全平等的交流空间里，我真实地感受到了家长、学生和老师对我的信赖。在东圃中学工作期间，我多年负责高三英语教学备考工作，同时担任班主任和科组长。据教导处调查及通过不同途径反馈的信息结果显示，绝大部分学生喜欢我，喜欢我的课堂教学，喜欢我的为人，他们感觉学有所获。不论工作多忙，我总是能确保超前备课、按时完成授课任务、及时批改作业和试卷，能把培优辅差工作落到实处。我从未迟到、早退、旷课，即使再忙也要确保课堂教学质量和效果。在东圃中学市一级、省一级及示范性高中评估过程中，我率先编写新课改背景下的新教案，我的评估示范课得到了专家们的认可，均被评为优秀课。2012年，在天河外国语学校参加广州市义务教育规范化学校督导评估活动中，评估组专家天河省实的蔡校长听了我的课也对我的教学理念和教学风格深表欣赏。2011年高考，我和东圃中学同科组的老师们经过共同努力，使得学生的英语成绩位居同类学校前列，备课组荣获"广州市高考突出贡献奖"，我个人由于负责的两个教学班的英语平均分超过了B类学校的平均分而荣获"天河区毕业班先进工作者"称号。2012年，因参与天河外国语学校的筹办，我于4月份调离了东圃中学，本班和其他班的学生听到这个消息都伤心地抱头痛哭，多次给我打电话和发短信，表达挽留之情。这使我再次体会到教育是个良心活，贵在以心换心。我始终提醒自己：必须以宗教般的情怀努力学习与实践，让自己不仅成为有地位、有品位且有精神感召力的教学工作者，更成为思想引领者。

3. 认真做人，踏实做事

无论是担任科组长还是负责教导处工作，我始终把教师的利益放在首位，为教师说实话、办实事。在各种座谈会、科组活动中，我总是极力宣传教育工作者要有自强不息、苦中求乐的精神。我恳请上级领导关注支持学科的发展，在师资配备、硬件建设等方面给予扶持，尤其为青年教师提供可以尽情展示的舞台和发展的空间。在天河外国语学校，我积极培养年轻教师，为市区的骨干教师搭建平台。2012年，在我的鼓励和支持下，学校3名教师参加了"第六届全国中小学新媒体新技术教学应用研讨会暨基于交互技术的教学观摩活动教学课例评比"，两人获一等奖，一人获二等奖。

（二）投身教改，狠抓质量

1. 积极充当学科的专业带头人

我致力于成为一名有责任、有能力、有文化的教育工作者。以神圣而有尊严的责任，自觉而执着的高远追求，为幸福人生奠基，为自由社会育人。我的一些话语被许多教师推崇，例如："作为一名教师要致力于——上课之前学生期盼你，下课之后学生回味你，离校之后学生怀念你。""三流的教师教知识，二流的教师教方法，一流的教师教思想。"作为一名高级教师，我积极充当区域专业教学的一面旗帜，近年来我承担的全国、省、市、区各级公开课的具体情况如下：

2011年，课例"高中英语报刊阅读综合展示课"获"第四届全国中小学新媒体新技术教学应用研讨会暨基于交互技术的教学观摩活动教学课例评比"一等奖；

2012年，课例"高中英文报刊阅读活动成果展示课"获"2011学年度广州市中学英语有效教学录像课评比"高中组二等奖；

2011年，在中国日报社赴甘肃教师培训项目中为参训教师执教示范课，受到好评；

2010年，承担"全国生本培训班"的"英语写作课"示范课，获得好评。

我的课堂教学和专题报告深受学生和同行们的欢迎，我的人品、思想、视野、理念、目标和能力广受学生、同行、家长和社会的赞誉。我曾在诸多活动中积极分享教育教学经验，比如：应中山大学教育管理学院的邀请，参加"教师专业发展行动研究"活动，给番禺区的中小骨干教师进行培训；应中国日报社邀请赴甘肃为东乡区的少数民族教师开设教育教学主题讲座；两度在广州市高三英语教研活动上就备考经验做发言；在天河区高中英语教研活动中开设"幸福不是毛毛雨——论教师的职业规划""高三复习应考策略"等专题讲座；围绕高中英语选修课的开设接受广东电视台有关教育教学热点问题的采访。

2. 积极参与教科研工作

近年来，我组织和参与的课题研究如下：

（1）中国基础教育英语教学研究2006—2009年资助金项目立项。

（2）2008年12月课题"小组合作学习在高中英语报刊阅读课中的作用及实施策略"入选天河区教育科学规划"十一五"课题2008年度资助立项的重点课题，已经通过了阶段性评估。

（3）2009年参与天河区教育科学规划小课题"高三英语备考探究——基于模块4的复习"研究。

（4）2012年天河外国语学校的课题"小班化教学背景下的互动模式研究"获广东省教育科学"十二五"课题立项。

3. 教学业绩突出

在我担任东圃中学英语科组长期间，学校获"广州市高中英语课程改革先进单位"称号，备课组获"广州市高考突出贡献奖"，本人执教的教学班成绩在年级遥遥领先，E组生源的平均分超过了B组，2008届和2010届高考均以优异成绩圆满完成了高考任务，233%完成重本上线任务。2012年我在天河外国语学校工作期间，学校在天河区期末统考中总分名列全区第一，本人负责的教学班也比年级其他同类班级在平均分上高出八分多。

任教十八年，我因工作需要调动过五所学校，教过的学生成百上千，个中滋味苦辣酸甜，但我从未后悔当一名中学教师。因为自参加工作以来，在困难时总会有领导同事帮助，在需要时总会有高人贵人指点，在节假日时总会有家长学生感恩祝福。到了不惑之年的我，在取得成绩的同时，经常会考虑一个问题——教师专业发展还有更有效的路径吗？从教以来，无论外界多么纷扰喧嚣，我始终在全力以赴地坚持自己的专业发展，我虽不知自己是在坚守底线还是在自我陶醉，但我知道自己很充实快乐，工作很有意义！

我不是一个教育家，但我爱教育；我不是一名思想家，但我有思想。在今后的教育生涯里，我将继续以宗教般的情怀努力学习与实践，秉持"学习实践，获取成效；教书育人，培养人才；总结创新，传播思想"的三大追求，让自己成为有地位、有品位和有精神感召力的思想引领者！

三、我的课堂实录解读

（一）教学设计
以一节初二英语读写课为例

Reading and Writing

Time：December 26，2011

Place：Class 4，Junior 2

Teacher：Cindy Chan 陈迪

Teaching Materials：Student's Book 2 of Interactive，Cambridge University Press

Teaching Topic：Portfolio 5 of Unit 5，An opinion essay

Teaching Important Points

1. Learn to write an opinion essay with the imitation of a reading material

2. Learn how to have cooperative writing

3. Learn how to evaluate other's writing

教学环节设计表

教学环节		教学内容	活动设计	活动目标
Before class	Pre-reading	Presentation and activation	Activate the background information	阅读环节是通过前置性学习完成，主要分三步： 读前，激活思维 读中，阅读观察 读后，内化尝试 引导学生通过课文篇章阅读学习写作的技巧，为新的写作训练架起"引桥"，以读促写。
	While-reading	Reading and imitation	（1）Skim to learn about the structure （2）Scan to learn about the expressions	
	Post-reading	Internalization and application	（1）Internalize what can be learned from reading（2）Try a hand at writing a short essay	
In class	Presentation	Enjoy a fragment of the movie "I, Robot"	Task：Which year is it in the film? What will the robots look like in 2035? What will they do?	这是写前环节。通过对阅读练习的处理，利用阅读材料帮助学生搭建话题的支架和写作的篇章支架。 首先，通过观看影片导入话题，激发兴趣； 其次，小组展示自学成果，表达自我感想，为写作铺垫； 最后，教师点评反馈。
	Pre-writing	Display the students' findings in their previous assignment	Group 1：pre-reading	
			Group 2：while-reading	
			Group 3：post-reading Mindmap the gains	
			Group 4：post-reading A short opinion essay	
		Feedback on homework	Focus on the important points	
	While-writing	Write an opinion essay with the imitation of the reading	Choose one of the subjects on P45	尊重学生的选择。
			Have co-operative writing in groups	合作写作，生教生，以强带弱，共同发展。

续表

教学环节		教学内容	活动设计	活动目标
In class	Post-writing	Improve the writing by means of evaluation	Make comments on the peers' essays	生评生，师评生，以评促写，引领提升。
		Improve the critical thinking	Enjoy a video to think out of the box	培养批评性思维，引导学生思维进行纵深发展，为作业布置正反观点的作文学习进行铺垫和准备。
After class	Summary	Reflect	Free talk	从opinion essay的写作拓展到pro-con essay写作，帮助学生继续深化"以读带写，以评促写"的策略。
	Assignment	Give expanding assignment	Assign another reading-writing task	

（二）教学片段

Step 1. Presentation and activation

Enjoy a fragment of the movie "I, Robot"

（观看关于机器人的电影《我，机器人》视频片段导入新课。）

T：Which year is it in the film? What will the robots look like in 2035? What will they do?

S1：They can dance with people.

S2：They can walk the dogs.

S3：They can do some scientific research.

S4：They can serve as shop assistants.

S5：They can help with housework.

（设计意图：利用学生感兴趣的电影导入，能迅速吸引学生的注意力，并激发学生关于话题的背景知识。）

Step 2. Pre-writing

S：Display the students'findings in their previous assignments.

G1：Exercise1-2（with papers）

G2：Exercise3-4（with ppt）

G3：Exercise5（with blackboard writing：a specific mindmap）

（设计意图：学生以小组的形式展示前置性作业的答案。班上共14名学生，分为四个小组，分别从文章的主题、结构、内容及表达四个角度对前置性阅读篇章进行剖析。这是读后兼写前的环节。通过对阅读练习的处理，利用阅读材料帮助学生搭建话题的支架和写作的篇章支架。）

T：What can we learn from the reading passage?

（设计意图：呈现ppt图片，利用遮幕功能请学生进行猜测，并通过ppt中学生作业的图片对全部前置性作业进行小结和反馈，谈学习收获及个人观点。）

Ss：Mindmap what they can think of.

（设计意图：学生互学，谈学习收获及个人观点。）

Step 3. While-writing

Write an opinion essay in groups，with the imitation of the reading.

（设计意图：给学生提供2个可能感兴趣的同类话题，同时请他们现场自编话题，此处体现了留白的教学理念。学生小组合作写作，生教生，以强带弱，共同发展。）

Step 4. Post-writing

Evaluation

T：Improve the writing by means of evaluation.

S：Make comments on the peers'essays.

（设计意图：生评生，师评生，实现以评促写，引领提升。）

Develop the critical thinking

（培养批评性思维，引导学生思维进行纵深发展，为作业布置正反观点的作文学习进行铺垫和准备。）

第三节　教学策略

　　20世纪80年代，一部干净、纯粹而有力度的美国电影——《死亡诗社》影响了我。它有着美国电影的一贯风格——艳丽的色彩，逗人的桥段，戏剧的冲突，煽情的故事。然而，影片并未止步于此。威尔顿预备学院以其沉稳凝重的教学风格和较高的升学率而闻名，其毕业班的学生们，理想就是升入名校。新学期，文学老师约翰·基汀的到来如同一阵春风，一反传统名校的严肃刻板。他提倡自由发散式的思维哲学，崇尚以自由的心灵选择人生，他对于教学方式进行大胆改革，让学生们内心产生了强烈的共鸣与震撼。基汀带学生们在校史楼内聆听死亡的声音，反思生的意义；让男生们在绿茵场上宣读自己的理想；鼓励学生用新的视角俯瞰世界。尽管故事留给我们的是浪漫主义者在精神上的胜利，但基汀那自由、真实、质朴的教学方式所蕴含的哲学思维让我内心产生强烈的共鸣。

　　我努力在工作中践行以下的教学主张：

一、葆有童心：努力做学生的好朋友

　　德国弗莱堡师范大学海纳特教授在《创造力》一书中写道：创造性教学的一个特征是，教师尽量关怀学生的学习，努力使自己返回到学生阶段，也就是开始一个倒回的过程，这样他才有可能把自己与学生看成一致的，并使学生把他视为同一。我深知，要教好孩子，首先得自己成为孩子；要调动学生学习的积极性，就要去亲近学生，用一颗永远不老的童心去打动学生。

　　所以，在课堂上，我总是努力以学生的大朋友的角色出现，以开放的形式设计各种游戏，学生在玩中学习，在玩中领悟，学习积极性得以激发，创造欲望得以满足,学习信心得以增强,合作意识和个性也得到充分的发展。学生们经常称呼我为"Cindy"或"迪迪姐"。

学校在拍摄全国公开教学"高中英语报刊阅读综合实践活动展示课"期间出现过这样的情况,由于技术准备上的疏忽,快要上课了,电脑还没连接好。耽搁的时间长了,教室里有些骚动。见此情景,我微笑着对孩子们说:"现在电脑有点问题,我昨天感冒了,鼻子也有点问题。难道我们都受到了病毒的侵袭?"亲切的话语,一下子拉近了与孩子们的距离。我也用冷静和坚韧告诉孩子们:生活中会碰到各种困难,关键是我们要用积极的人生态度来面对它。海纳百川,有容乃大!

二、激趣引思:把学生带进英语学习的乐园

2011年6月,我面向参加"全国生本教育研修班"的来自全国各地各学科的教师,上了一节颇具生本理念的高中英语写作观摩课。这是一节有挑战性的课,备课时间只有两天,前置性作业的布置及落实时间仓促;学生课前因高考停课将近一周,学习状态没有调整过来;课型是写作课,相当部分的课堂时间用于写作的练习,安排不好课堂容易陷入枯燥单调、沉闷乏味的泥潭。在进行教学设计时,我立足生本"先学后教,以学定教"的思想,针对高中生喜欢参与任务型活动的心理特点,在教学中精心设计了采访、绘画、分类等多样的前置性学习活动,同时应用侧重过程性写作的教学方法,以小组合作的形式完成作文,收到了意想不到的教学效果。课堂以学生采访东圃中学崔校长的电话声引入,环节简单,展示反馈与合作写作的过程推动了课堂的高潮。整节课学生热情高涨,课堂气氛热烈,赢得了全国各地各学科听课教师的阵阵掌声和郭思乐教授的好评。

这一学习写作的过程,从学生为主体的角度来看,是一个主动建构的过程;从知识与技能的形成来看,又是一个意义建构的过程。在课前-课中-课后的任务型活动中,学生观察、领悟、实践、合作、交流、应用与反思,不断体验到学习的快乐与成功!

三、互动生成：追求真实有效的课堂

我不满足于现状，结合新课程改革，不断学习，不断思考，用崭新的理念和鲜活的实践不断滋养着自己，使自己永远站在改革的前沿。我认为，作为教师应追求真实有效和互动生成的原生态课堂。真实的课堂摒弃演练和作假；真实的课堂应该面对学生真实的认知起点，展现学生真实的学习过程，让每个学生都有所发展；真实的课堂不能无视学生的学习基础，把学生当作白纸和容器，随意刻画和灌输。

语言的学习在于交际，交际中互动的课堂讲求对话和共享。优秀的教师应该善于营造一种生动的教学情境，一种平等的交流情境，一种真实的互动情境。教师和学生，学生和学生不仅仅通过语言进行讨论或交流，更主要的是进行愉悦的心灵沟通。在对话的过程中，教师凭借丰富的专业知识和社会阅历感染和影响着学生，同时，同伴们的见解和生活经验直接或间接地作为个人独特的精神展示和互相影响着。这种状态下的课堂教学过程，对师生双方来说，都是一种享受。

生成性的课堂需要耐心和智慧。课堂之所以是充满生命活力的，就因为我们面对的是一个个鲜活的生命体，课堂教学的价值就在于每一节课都是不可预设、不可复制的生命历程。追求生命的意义应成为教学的起点和归宿。课堂上需要教师善于激发学生的学习需求，放手让学生自主探索，需要教师展示学生真实的学习过程，特别是善待学生学习过程中出现的错误和不足，运用教师的智慧和耐心引导学生，使之在获取知识、形成能力的同时获得健康的人格。

以我在天河外国语学校参加广州市义务教育规范化学校评估过程中上的一节公开课为例，进行简要说明。该课中，我围绕校本教材《展望未来》第三单元"兴趣爱好"这一主题，精心设计了相关的听说读写活动。我用英国人类学家古道尔谈个人爱好这一情境统领全课，让学生在这一情境中分别理解什么是兴趣爱好，为什么人类需要有兴趣爱好，兴趣爱好有哪些，兴趣爱好与生活、职业的关系。通过以上四个环节，学生自始至终饶有兴趣地参与活动，展示自身的兴趣爱好，提出问题、分析问题，通过自主探索和合作交流来解决问题。

而我作为教师，则是置身其中，做了些穿针引线的工作，微笑、鼓励、切换、提示，让学生不知不觉地学习了语言，应用了语言，体会到语言作为交际工具的价值，体验到学习的快乐。

这堂看似简单却值得细细品味的课，可以说真正体现了真实有效、互动生成。说它真实，是因为整节课并不是简单顺流而下，学生是在错误、矫正与反思中前进的，有许多非预设性生成的教学资源。说它生成，是因为关于兴趣爱好的定义、分类、价值、体验……这一切的一切都不是老师教给的，而是学生在自己的亲历、体验、思维、小结中逐步获得的。说它互动，是因为整堂课师生互动、小组互动、生生互动、人机互动，在交流展示中思维碰撞，在讨论中进步提高，课堂生动活泼、生趣盎然。说它有效，是因为通过这一堂课的学习，学生真正体会到了生活需要兴趣爱好去点缀，学会了如何培养和发展自己的兴趣爱好并让其成为自己今后成长的奠基石，在学习应用语言的同时更好地解决了生活中的实际问题。

第四节 好课三味

一节好课的标准是什么？叶澜教授认为，一堂好课没有绝对的标准，但肯定有一些基本的要求。她倡导"新基础教育"，认为好课表现在五个方面：有意义、有效率、有生成、是常态、待完善。我觉得一节好的英语课应该有"三味"：正味、人味和隽味。

一、第一味是"正味"

正味一词在《汉语大词典》中有两层解释：

（一）纯正的滋味

《庄子·齐物论》："民食刍豢，麋鹿食荐，蝍蛆甘带，鸱鸦耆鼠，四者孰知正味？"宋·苏轼《橄榄》："纷纷青子落红盐，正味森森苦且严。"

茅盾《一个真正的中国人》："夫妇间的恩爱，两个人的灵魂的合一，也只有在默然相对忘言的当儿，才是人生中最难得的真味——也是正味。"

（二）正常的滋味

宋·罗大经《鹤林玉露》卷二："八珍虽美而易厌，至于饭，一日不可无，一生吃不厌。盖八珍乃奇味，饭乃正味也。"

何谓课堂的"正味"？一堂好的英语课，首先得有"语言味"。语言味越浓，课就越好。英语课最大的问题，不是怎么教的问题，而是教什么的问题。英语课最大的悲哀是语言本体的淡化和失落，把语言课上成了语法课、习题课。"语言味"就是守住语言学习一体两翼三维的特性（Three-dimensional with integrative both wings based on one subject）。语言学习的本体是指其工具性，两翼指语言学习的交际性及人文性。英语作为文化载体具有人文性，作为交流媒介具有工具性，相辅相成，构成语言学习的基本属性。课堂上，学生除了掌握工具操作层面的基础知识和基本技能，还应该对英语母语国家的文化（如哲学、文学、历史、宗教等）有深入的了解，形成跨文化思维习惯。只有这样才能学好英语并应用得正确、恰当，成为学贯中西的英语通才。好的课是把人文情怀、专业素养、语言技能融为一体，坚守学科本位和人文属性。

二、第二味是"人味"

教师的教育工作是与人打交道的工作，所以一节好的英语课，应该洋溢着浓浓的"人味"，把人本看成基础，把人性看成依据，寻求人文的道路和方法去开展课堂实践。这里的"人味"有三层涵义：一是指英语课要以人为本。人的根本利益是幸福的问题，是全面发展的问题。人本不把"人"当成抽象的概念，而是把"人"落实在眼前一个个鲜活、具体的个体身上。英语课应充满人文关怀，对学生要尊重其人格、理解其需求、赏识其个性、激励其潜能，真正为学生的幸福人生奠基。二是指英语课应体现人文性。人文性是语言课程的重要属性。教师可以依托文本内容、文本语言和文本情感，丰富课堂的人文性。课程资源、课程内容里充满丰富的人文内涵，包括文化、道德、情感等精神的各个层面。人文性渗透不是指用英语这门工具进行说教式的思想教育和价值观影响，而是在教学过程中挖掘内容，促进学生良好的性格、品质、意志等非智力因素的发展。教师应根据文本、主题和学生实际再构文本，加强文化碰撞，拓宽人文视野。例如，把西方的节日和中国的节日进行对比，西方过"鬼节"，中国过"清明节"，利用对比分析的思维模式让学生从中感受中西文化的差异，在碰撞中拓宽视野，得到人文熏陶。人文性的培养不是一蹴而就的，需要一个长期熏陶浸润的渐进过程，切忌简单粗暴的灌输，也不要贴标签式的煽情。真正能够打动孩子的心灵、唤醒孩子的情感共鸣、贴近孩子的生活实际和情感需求的教育才是成功的，正所谓"随风潜入夜，润物细无声"。三是英语课的"人味"应体现在有"人情味"。现在的孩子大部分都是独生子女，衣食无忧且倍受关爱，家长们望子成龙、望女成凤，让不少孩子变得像读书机器，出现了一些社会病。比如：孩子缺少个性和活力；身边的一切来得太容易，孩子不懂得感恩，不知道珍惜；孩子成长过程中缺少亲密同伴，难以主动去关心和理解他人；等等。而我们教育的本质是教书育人，是把学生从一个自然人发展成为一个社会人。英语作为一种交流的工具，在教学中多加点"人情味"，会有助于学生健全人格的养成。英语课要有情趣，枯燥乏味、机械刻板的课注定不受学生的欢迎，不受学生欢迎的课能称为好课吗？英语课要注重情感熏陶、价值引领，以言语鼓励学生，以信任激发学生，以爱心关爱学生。设想一下，如果英语课堂教学没有高高在上的所谓"师道尊严"，只有师生间的平等对话，没有严厉苛刻的批评，只有春风细雨般的循循善诱，没有苍白无力的空洞说教，只有真情实意的情感交流，那么，我们的英语课堂就会真正鲜活、生动起来。而这不就是我们追求的好课吗？

三、第三味是"隽味"

词典对"隽味"的解释如下：

（一）美味

宋·李彭老《摸鱼儿·莼》："爱滑卷青绡，香裛冰丝细。山人隽味。"

（二）深长的意味

清·陈田《明诗纪事丁签·王韦》："故其诗婉丽多致，隽味难穷。"
清·陈廷焯《白雨斋词话》卷六："稼轩词，於雄莽中别饶隽味。"

一节好的英语课，最好还能有点"隽味"。当然，这是我的一种个人偏好；或者说是我的一种风格追求。有的英语课，初听时满目繁花、流光溢彩，但细细体会则味同嚼蜡，整个感觉就是缺乏内涵、缺乏品位、缺乏深度、缺乏思维。有"隽味"的课，别有滋味，耐人寻味，让人听得津津有味，往往越嚼越有味。好的英语课或在教学设计上别出心裁，或在文本感悟上独具慧眼，或在信息技术手段上另辟蹊径，能让学生灵气勃发，师生经常灵光闪现。

评课就是嚼课，好课必能嚼出好味。

有了"三味"的英语课就是一节引人入胜、令人向往的好课。

第五节　课堂实录

一、多元阅读课例

以一节高三英语读写课（异地教学）为例：

2019年广东省"百千万人才培养工程"走进乡村教育活动

化州专场公开课 Reading and Writing

Time：April 17，2019

Place：Class 2，Senior 3，Hua Zhou No.9 Middle School

Teacher：Cindy Chan 陈迪

Teaching Topic：How to Write a Letter of Advice?

【Teaching Aims 教学目标】

（一）知识与技能

1. Consolidate the words and patterns about a letter of advice.

2. Encourage the students to grasp the imitative writing skills.

（二）过程与方法

1. To develop Ss' cognitive strategy：imitative writing through reading.

2. Cooperative learning.

（三）情感态度与价值观

1. Learn about other people's problems and try to offer advice and help.

2. Deepen the understanding of staying alone and making friends.

【Teaching Important Points 教学重点】

1. Learn the structure of advice letter.

e.g. idea（heading）→supporting details（body）→wishes（ending）

2. Apply relevant expressions and patterns to make advice letter more persuasive.

【Teaching Difficult Points 教学难点】

1. Master the correct use of some verbs to give formal advice, such as suggest, advise, urge, encourage and so on.

2. Develop the ability to think logically and exercise the speculative thinking.

3. Learn to evaluate the peers' writing.

【Teaching Aids 教学手段】

A computer, A blackboard, Papers, Video

【Teaching Procedure 教学过程】

教学环节	教学内容	活动设计	活动目标
Lead the students to learn 前置性学习	完成前置性作业 Read the following passage and try to imitate the materials given to prepare for the writing	1.Self-study 2.Group-study 观察，学习，小结	本环节主要是以读促写，给出仿写对象，既可复习巩固单元的词汇，又为新的写作训练架起"引桥"
Step 1. Present the topic	What advice can you offer?	Ask-answer activities 师生问答	导入话题，激发兴趣
Step 2. Check the homework	Check the answers to reading passages Ex1 writing structure Ex2 words and expressions	Show time：each group shows their findings 小组展示预习成果，为写作铺垫	引导使用thinking aloud 思维方法，引导学生展示预习成果，表达自我的感想，本环节是对教材的拓展
Step 3. Feedback and Summarize	Feedback and sum up the useful phrases and sentence patterns for writing	Summarize what they learn from the passage 学生在读中小结，为写作应用词汇及句型热身	引导学生从读学写
		Drills exercises 句型练习	熟悉写作需要使用的句式
Step 4. Writing	Task：P7	Warming up	任务驱动，话语激励
		Writing	
		Presentation	

续表

教学环节	教学内容	活动设计	活动目标
Step 5. Make comments on the writing	Task：P7	Evaluated by peers 生评生	以评促写 引领提升
		Evaluated by teacher 师评生	
Step 6. Summary and assignment	Enjoy the video and think more deeply about the topic	Free talk自由交谈 Give expanding assignment 思维纵深发展	答疑解惑，鼓励学生形成读写的策略，拓展思维

附：Reading and Writing 导学案

Class_____Name_____

Section 1：Before class

Pre-reading：skim the picture and fill in blanks

> Nowadays, many teenagers_____（沉迷于）making friends in the social network. Their parents have got to_____（为……担忧）it.

While-reading：learn to write by imitating the reading material

Here is a letter from one of their parents, which has offered advice to warn kids off the virtual（虚拟的）world and make better communication in the real world. Read the following letter and finish the exercises.

81

Dear Xiao Ming,

I'm sorry that you have become so addicted to making friends in the social network. The more you lose yourself in the virtual world, the more troubles you will have in making friends in the real one. I am really worried about it. So, I'm writing to share my experience about how to get rid of the bad habit and make better communication in our life.

My suggestions are as follows. To start with, we have reasons to believe that joining in sports is of great help. As long as you enjoy the sports, you will spend less time chatting in the social network. Believe it or not, it could be a great way to make new friends.

Moreover, why not try some voluntary work? By working together, not only can you help others but you can also build close bonds with people around you.

More importantly, I suggest you open the door for people around you and find out something interesting to share with others. You had better talk more to people you meet, the clerk at the video store, the person sitting next to you on the bus, or the classmates in front of you in the lunch line and so on.

In all, it is high time that we changed our ways of communication. I hope my suggestions will be helpful for you.

Yours,
Daddy

Ⅰ. Match the words in two columns to find out the structure of this letter of advice.

Heading   Offer several pieces of advice and reasons for it
Body   Respond to last letter and indicate writing purpose
Ending   Make conclusion and wishes

Ⅱ. Accumulate（积累）some good words and sentences.

Words and expressions
become addicted to doing…

Patterns句式
The more you lose yourself in the virtual world, the more troubles you will have in making friends…

Ⅲ. Brainstorm（头脑风暴）

Ways to give advice
1.
2.
3.
4.
5.

Ⅳ. Finish the following sentences.

A. She is terribly ill.

_____.（我建议你把她送医院。）

B. It's cold outside.

_____.（我建议关窗。）

C. The disabled find it inconvenient to go to the public library.

_____.（我们应敦促政府多关注残疾人。）

Post-reading：make reflection and have an imitative writing

Mindmap what you've learned from this advice letter and share it with your classmates.

Section 2：In class

Pre-writing：activate the background information

Ⅰ. Enjoy some pictures and offer some advice.

Ⅱ. Learn about the subject of the class.

Ⅲ. Present the feedback of the homework.

While-writing: promote writing by imitating

Ⅰ. Sum up some writing strategies from the reading material.

Ⅱ. Make oral writing.

Ⅲ. Finish the letter of advice.

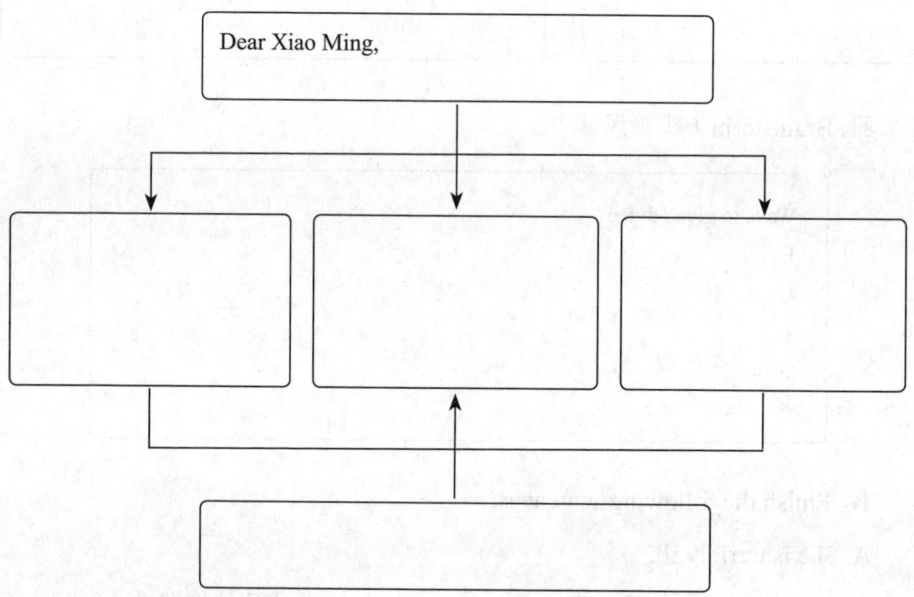

Post-writing:

Ⅰ. Evaluate your peers' work.

Ⅱ. Enjoy a video to think out of the box.

Section 3: After class

Ⅰ. Read the following letter to a mayor and fill in blanks.

Dear Mayor,

　　I'm a middle school student. I'm writing to tell something around us. Nowadays, there are many left-behind children_____parents work away from their hometowns. Most of them are from the countryside. You know, many problems might occur. They are always lonely and_____(stress) out because they are short_____their parents' love. At the same time, they are easy to make some bad friends and even do something against the laws.

How to settle their problems? The following suggestions might be_____ (help). Firstly, the government should set up a parent school for these children when the left-behind children are on holidays. Besides, _____possible, it's necessary to organize "hand-in-hand" activity to call on more people to give them a hand. Lastly, will you please raise some money for those children?

As to the the problems of left-behind children, it's high time_____relevant authorities took some_____ (affect) measures. I am sure the society will be more harmonious with the whole society to work together.

Ⅱ. Writing task: choose the topic you like to finish the writing, applying what you have learned in this unit.

A. 假设你叫李华，得知你的朋友小英有暴饮暴食的倾向，正在就如何减肥征求你的意见，请你给她写一封120词左右的建议信。

B. 假设你叫李华，得知你校要建设娱乐休闲中心，正在征求同学们的意见，请你根据以下几个方面的提示给校长写一封120词左右的建议信。

1. 娱乐休闲中心应该包括乒乓球室和羽毛球室。

2. 最好在学生的课余时间开放。

3. 尽量不要收费。

4. ……

附：

交流与思考
基于语篇分析的高三二轮复习策略

教法分析：

（1）关于读写结合的教学模式。在语言教学中，应利用一切符号手段促进教学，激发学生的学习兴趣。这种背景下，多模态化的读写课教学方式，以及培养学生的多元读写能力和英语综合运用能力必将成为英语教学模式的发展趋势。读写课模式有其科学理论支撑：各种语言能力之间相互联系、相互影响，一种语言能力的提高可以带动其他语言能力的发展。许多研究都表明阅读与写作能力之间呈正相关关系，阅读中所积累的话题词汇及对篇章结构的模仿学习可以引导写作的输出。

（2）关于过程体裁教学法。R.Badger&G.White（2000）提出，老师可以通过语言知识和语境知识为学生提供足够多的输入，帮助学生理解和内化写作的技巧。这种写作教学法主要包括以下几个基本环节：示范分析，模仿分析，技巧培训，独立创作，同伴评议。强调写作的过程和技能训练。据此，本人创设了"三段式读写教学模式"，具体如下：

课前读写，学习内化—课中写评，以评促写—课后读写，拓展提升

（3）本课的设计遵循了"以学定教"教学理念。建立在学生认知水平、知识能力"最近发展区"上的"以学定教"才能使教学具有较强的针对性。我提前给学生分发了导学案，布置了前置性作业。这是"三段式读写模式"的第一环节——课前读写，学习内化。通过前置性自学任务的布置，搭建读写探究平台，让学生自主发现，归纳规律，最后通过旧知衍生出新知，让学习过程成为学生自主建构知识的过程。预习的落实提高了课堂教学的有效性，更重要的是把思考的权利、时间和空间还给学生。课前，我回收学生的学案，调整了教学设计中的拓展内容，体现"以学定教"。

教学策略分析：

（1）本人应用了"翻转课堂"（The Flipped Classroom）的微课教学法，混

合了直接讲解与建构主义学习来突破本节课的难点：suggest doing，suggest sb do，advise sb to do，urge sb to do。学生利用前一天晚修的"英语视听"时间，观看了关于"Advice Verb"的外教微课视频，并完成导学案的探究性学习。

（2）"留白"的个人教学风格。我在自创的三段式读写教学模式中应用"留白"的教学策略如下：

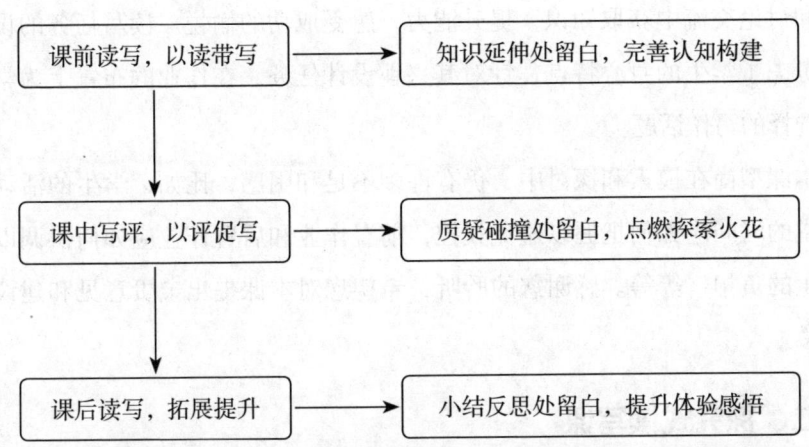

① "留白"设计一：语言知识"留白"。这是前置性作业中布置了观看微课视频后的巩固练习，我设计了具有多样性答案的练习，从微课视频的词汇知识学习延伸到句型知识应用，引导学生对本课知识点从词到句进行归纳和积累，为写作环节进行语言知识的铺垫。

② "留白"设计二：语言技能"留白"。这是前置性作业中布置了阅读后在小组合作中进行头脑风暴，通过设计开放性练习，在小结反思处留白，提升学生学习的体验感悟。

学法分析：

（1）受词汇和知识面等方面的限制，学生对写作材料和写作方法尚在积累过程中，要他们写出有一定思想、构思新颖的文章还是有难度的。而仿写恰恰给学生提供了有效借鉴的对象和创作的依据，让学生可以进行模仿和创造性运用，从而使语言运用练习成为有源之水、有本之木。学生通过"观察—模仿—实践"（Observation—Imitation—Practice）的三步学法，写作时有词可选、有话可说、有文可鉴、有章可循，从模仿中习得语言，从模仿中获得写作内容和技巧，逐步提升写作的技能。

（2）本课教学设计在摸索培养学生的非智力的学习态度和策略，任务驱动的学习旨在引导学生在学习中发现问题，养成不断调整、反思自己学习行为的习惯。同时培养自主学习、互助学习，敢于表现个人观点的有效交流的思维习惯。在课堂创设学生充分表达自己思想和展示思维过程的舞台，让他们在质疑问难和讨论交流中获取知识，提升能力，感受成功的愉悦。读写任务的设计也充分考虑了学生的身心特点，针对其兴趣设计任务，在作业的布置上为学生提供可选择的写作话题。

本课型尚在摸索和探讨中，仍有许多不足和困惑，比如，学生的活动增多后课堂的时间应如何把握以避免失控，前置作业和后置作业应如何协调以不加重学生的负担，等等。感谢您的聆听，希望您对本课提出宝贵意见和建议，不胜感激。

二、探究式读写课

第十七届中学骨干英语教师新课程教学高级研修班
示范课教学设计
广州市天河外国语学校　陈迪　2020年7月20日

（一）基本信息			
学校	广州市天河外国语学校		
学科（版本）	高中英语（人教版）	教师姓名	陈迪
年级	高一年级	章节	Book4Unit1-3
课时	1		
（二）教材分析 （教材分析至少要包含两方面内容。一是所教模块内容的概述，如主题、主要知识点、与前后模块内容的关系、培养学生的核心素养，可参照教参。二是教材安排的逻辑思维，即所授模块各单元内容安排的逻辑关系。） 教材逻辑：人教版高中英语（旧版教材）必修部分共五个模块，完成必修部分的教学即达到七级目标。其中必修四的话题主要是人物、文化和地点的介绍，阅读文本涉及中外科学			

续表

家及演员，西方文化的肢体语言和主题公园，写作任务主要有人物的描写、海报型广告和有趣故事。必修五则是在必修四的基础上体现了主题的循环，螺旋式上升，不仅有对人物（科学家）、文化（新闻制作）和地点（英国）的介绍，还增加了对流程的介绍（急救）。《普通高中英语课程标准（2017年版）》中提出："让学生通过感知、体验、实践、参与和合作等方式感受成功，形成积极学习态度，促进语言交际应用能力的提高。"
内容概述：本节课的教学内容主要是围绕人教版高中英语（旧版教材）必修四的学习内容进行模块复习，通过引导学生对U1-U3教材的阅读语篇进行回顾和梳理，完成主题写作的任务。三个单元主题都是人物介绍：Unit 1 Women of achievement通过介绍几位生活在不同国度的杰出女性，讴歌她们克服困难，在社会各个领域取得成就，探讨女性在社会生活中的地位、价值和贡献；Unit 2 Working the land介绍中国著名的农业科学家袁隆平的生平和他的杂交水稻，让学生了解农业在人类生活中的重要性，并鼓励学生追逐自己的梦想；Unit 3 A taste of English humour以"非语言幽默大师"为题，介绍了世界著名电影演员、喜剧大师查理·卓别林，以及他在无声电影时代的精湛表演和辉煌成就，鼓励学生向卓别林一样在逆境中保持乐观积极的人生态度。作为单元的写作复习课，聚焦人物写作这个主题语境把Unit1-3三个单元进行整合，且利用人物介绍范本阅读进行课内外文本整合，以现有教材文本为支架，帮助学生进行新的语篇学习，挖掘更多资源，拓宽文化视野，培养自主学习策略、合作学习策略和认知策略，提升思维能力，渗透思政教育，从而整体优化和提升单元的复习效果。

（三）学习者分析
（主要从学生语言水平、学习态度、逻辑思维现状等方面分析。）
语言水平：本节课的教学对象是广东省广州市天河外国语学校高一5班的学生。学校在高一第二学期开始实施高中选课走班，高一5班是2020年4月份返校复课后刚成立的新班，师生相处仅两个月，还在磨合期。总体而言，学生综合素养位于年级中游。学生选读科目是化学和生物，擅长理科学习，英语基础一般，位于年级中下游。从学习兴趣看，本班学生初中基础较好，学习态度比较端正，但选读学科全部是理科，大部分学生偏理科思维，对英语的学习兴趣不浓。从语言能力看，学生通过必修四的学习积累了一些人物介绍的语言基础，掌握一定的语篇阅读技巧（如寻读、略读等），具备对基于语篇获取、分析和归纳信息的能力。但部分学生对于把握文本特征、明晰语篇结构、了解行文逻辑等能力较弱。英语写作的框架逻辑思维欠缺，内容同质化，表达的丰富度性不足，因此在思想立意、谋篇布局、遣词造句方面的能力有待提高。从学习策略看，学生喜欢合作学习，缺乏以读导写、以写促读的意识，还没有形成在语言技能融合学习中进行知识迁移和输出的策略，缺乏把认识和方法进行系统化的意识和策略。从跨文化意识和思维力看，学生对中西方的伟人名人及其业绩有一定了解，正处于三观形成期，对伟人和成就有自己的理解、判断和认识，但相对肤浅，思辨不够精细化，思考缺乏逻辑性和深刻性。

（四）教学目标（从语言能力、文化意识、思维品质、学习能力等四方面描述，可有侧重。）
根据教学内容和学生情况的分析，本节课设定了以下的教学目标：
经过本节课的学习，学生能够：

续 表

（1）理解不同领域成功人士的语篇，复习模块有关人物简介的词汇和句式，能够用英语描述"英雄人物"。

（2）自主探索和构建人物写作的有效策略，培养以读悟写、以读仿写的能力，最后实现以读促写、读写相长。

（3）就话题"英雄人物"进行描述、评价和学习，思考个人价值与社会价值、科学价值与人文价值的统一；确立对"英雄人物"和对真善美的追求，增强中华优秀文化自信。

（4）对范本语篇进行鉴赏、模仿和迁移创造的学习，从而发展学生理解、应用、评价和创新等思维能力。

知识与技能 Knowledge and skill

在人物写作的主题语境下，通过阅读不同领域成功人士的语篇，复习模块有关人物简介的词汇和句式，进行模仿写作，培养读写能力。

（1）Consolidate and apply the words and sentences about the character description in Module 4.

（2）Grasp the structure, main points and useful expressions of introducing great people under the guidance of reading tasks.

（3）Combine reading and writing to promote language literacy.

过程与方法 Process and approach

运用翻转课堂形式进行前置性学习，以读悟写、以读导写，实现以读促写。

（1）Cultivate the awareness and cognitive strategy of knowledge transfer.

（2）Apply discourse analysis to the "Writing-Through-Reading Model" to improve writing competency through extensive reading.

（3）Introduce cooperative learning into writing.

情感态度与价值观 Emotional attitude and value

通过对语篇的鉴赏、模仿和创造，自主探索和构建人物写作的有效策略，探究语言学习中的文化深层内涵，思考个人价值与社会价值、科学价值与人文价值的统一；确立对榜样人物对真善美的追求，增强中华优秀文化自信。

（1）Learn about some great people, as well as their achievements.

（2）Motivate oneself to follow the example of great people and learn from them.

（3）Have a better understanding of the value of greatness or achievement, coming to the idea that great personality is of importance to one's success.

（五）教学重难点分析及解决措施

（要描述清楚重难点，且要有对应的解决策略描述。）

教学重点及应对措施：本节课重点是聚焦人物介绍这个主题语境进行单元复习的写作。以Unit1-3三个单元教材的阅读文本为基础进行回顾和梳理，激活主题信息，同时布置相同主题的课外阅读任务，进行读写的知识和能力迁移，进行模仿写作的输出，实现以读导写、以读促写的目的。拟通过翻转课堂形式，利用翼课网的英语学习平台布置前置性学习，通过平台的数据收集和反馈，精准了解学生的学习盲点和痛点，实现以学定教、精准施教。应用图式学习理论，通过整合课内外资源，布置聚焦主题的文本阅读任务，激活学生的写作图式，为写作做好铺垫。比如，如通过阅读完成对范本语篇的输入型学习与理解；通过阅读任务进行应用与实践，强化语言意识和语言表达经验积累；通过写作任务进行输出型的迁移与创新，提高口头和书面表达能力。

教学难点及应对措施：首先，从单元的学习反馈发现，学生在人物写作中对人物的评价过于泛化，评价和经历脱节导致行文逻辑性欠缺。解决策略是通过阅读任务设计，建立形式图式，培养主旨意识、首尾呼应意识，人物描述抓住典型特征，尽量具象化。其次，学生缺乏知识迁移的意识和策略，没有仿写的经验，如何把读写两种语言能力训练有机结合、真正融合、互相促进，同时促进高阶思维能力的发展是本课难点之一。解决策略是从形式图式、内容图式和语言图式三个维度精心设计阅读任务，在任务完成中培养学生以读悟写、以读仿写的意识，发展知识迁移的技巧和能力。通过控制性操练到开放性操练，写前搭建好脚手架，为学生进行口头和书面的输出做好充分铺垫和引领。第三，本课探索学科思政教育的模式，如何实现英语学科素养提升与思政元素有机融合也是教学难点之一。基于人物介绍的主题学习，通过设计写后深化主题的活动，利用翼课网学习平台的投票功能组织"名人与伟人"的讨论，培养高阶思维能力，做好价值引领，帮助学生树立健康积极的三观。

（六）教学设计

教学环节	内容与目标	教学流程		时间	设计意图&媒体作用
		教师活动	学生活动		
（课前）前置性学习理解	聚焦话题建构图式以读悟写	聚焦人物写作这个主题语境，教师设计前置性学习任务，引领学生对必修四Unit1-3三个单元进行回顾梳理。提供描写人物的阅读范本3篇，分别从形式图式、内容图式和语言图式三个维度设计阅读任务。通过课内外文本整合，以现有教材文本为支架，引领学生在新文本的语篇学习中激活写作图式，为课堂写作搭建脚手架。学生在自学-自得-自悟的过程中观察、学习和感悟人物描写的文本写作技巧。		30mins	翻转课堂，先学后教，以学定教。借助"翼课网平台"自主作业布置功能，布置前置性学习任务，收集反馈数据，精准教学。
（课堂）学习理解	激活已学语言知识与文化背景	韩国学生关于《三国志》里关羽人物形象的讨论视频导入话题，帮助学生复现本单元所学重点语言知识及文化现象，为学生后续口头及书面表达活动做好铺垫。学生回答问题的同时，复习、归纳本单元语言知识。		3mins	依据"翼课网平台"所反映的学情数据，重点复习学生掌握情况不理想的几个语言点，同时激活学生已有知识储备与文化意识。

续表

应用实践	概括、梳理、整合阅读材料中的信息	教师邀请学生展示作业,在作业评价反馈中引导学生关注文本特征,如篇章结构、内容立意、遣词造句等,通过引导和操练,为学生口头表达提供语言支持。并引导学生用树状图展示文本结构及主要信息。教师引导学生自主总结、归纳人物写作技巧,如培养主旨意识、首尾呼应意识,人物描述抓住典型特征,尽量具象化。	9mins	从篇章结构、内容立意、语言表达三个方面掌握人物写作的语篇文体特征。
应用实践	基于主题与内容进行口头表达,内化所学语言知识与文化知识	教师设计采访环节,引导学生运用前置性学习阶段掌握的句型所积累的词块,按照人物写作的关键信息进行口头输出。	5mins	依据"翼课网平台"所反映的即时学情数据,及时反馈和引导,突破难点。
迁移创新	在新的语境中展开想象与创造	展示外国友人对乔丹的评价以及询问中国"英雄人物"的Email。	20mins	学生通过翼课网纸笔技术,回复Email。
	人工智能评价,以评促写	从语用角度以评促写。	5mins	利用翼课网纸笔技术在课堂展示段落作品,单屏或多屏幕。
	根据评价标准,以评促写	学生参照评价标准,选互评互改,并在修改后展示。教师评价,从篇章结构和内容立意角度以评促写。	2mins	学生形成完整的语篇输出,根据"翼课网"提供的反馈意见修改作文。
家庭作业	巩固本课所学,拓展读和写	阅读不同体裁的人物语篇,不同题材的描写性文本(如文化类、地点类),为描写地点的写作进行铺垫;为英语演讲比赛写发言稿,主题是身边的"英雄人物",由远到近,挖掘身边有意义的人与事。	1min	提供真实的情景,提供选择机会。

(七)教学流程图排版问题,见单独流程图文档

附：教学反思

亲爱的来自全国各地的教育同行们：

大家好。我是来自广东省广州市天河外国语学校的陈迪老师。今天很荣幸参加中国教育技术协会中小学外语教育信息应用工作委员会组织的"第十七届中小学骨干英语教师新课程教学高级研修班"，和大家分享一节高一英语模块复习的课例，希望能够抛砖引玉，借助信息技术平台和数据集成更好地提升高中英语教学的即时性、精准性和有效性，探索由传统教学走向数据驱动的精准教学之路。下面，我将从语言目标的达成情况、教学思想和理念的渗透体现、教学过程与方法的实效性三个方面进行教学反思。

（一）多维设计，达成目标

语言知识的目标设计有别于课标所提及的三维目标，分为四个不同层面的目标，分别是记忆目标、理解目标、应用目标、创新目标。很多教师平时更多的是关注前两个层面的目标而忽略了后两个层面的目标。在记忆目标设计方面，我进行了语言知识教学的两个整合。首先是教材文本的整合，聚焦人物写作这个主题语境把Unit1-3三个单元进行横向联系学习；其次是课内外文本的整合，我利用前置性学习任务，把人物介绍的阅读范本推送给学生进行阅读和学习，以现有教材文本为支架，引领学生进行新文本的语篇学习，挖掘更多资源，拓宽文化视野。在理解目标设计方面，我以读促写的任务设计全部基于语境和语篇的理解，从语篇角度帮助学生把握文本，帮助学生构架一个立体的文脉轮廓，把语言知识的理解放于语篇context and discourse的大背景中学习。那么，如何帮助学生在情境中深度学习呢？我从语用角度出发，为学生设计"自学—自得—自悟"的三阶段前置性自主学习，激活学生人物写作的形式图式、内容图式和语言图式，通过发现式学习、归纳式学习渗透学习策略和发展学生自主学习能力。自主学习的意识、习惯和能力的培养对高中起始年级的学生而言尤其重要，所谓"Give a man a fish and you feed him for a day；teach a man how to fish and you feed him for a lifetime"。在应用目标设计方面，语境设置应将意义放在第一位，把结构放在第二位。换句话说，我们的教学应该把语言知识学习活动与交际应用活动相结合。我在本课例教学中，设计了围绕主题的采访任务和校园评选的投稿任务，为学生创造在真实语境中使用语言的机会，引导利用语言知识和技能完成现实生活中的任务。在创新目标设计方面，首先我们要理解创新目标与应用目标的区别。创新的价值在于创造性地运用语言知识，应用高阶思维能力进行创作，创新性地培养知识迁移能力。我通过循序渐进设计读写任务去达成这一目标。课前阅读任务1是聚焦结构和内容要点，激活形式图式和内容图式，任务2是聚焦短语和句式，激活语言图式。前两个任务属于控制性和半控制性练习。任务3是基于语篇的理解自由填空，属于应用语言的开放性练习。在课中，"读—说—写—评"的过程中设计了采访任务，鼓励学生创造性地运用语言知识进行交际，对学生习作的评议则是引导学生培养高阶思维能力，在文本结构的掌握和思维导图的应用中使自主学习的知识结构化，此外，在课堂对名人和伟人的讨论也是着意培养学生的辩证思维能力。这些活动都是为达成创新目标而设计的。课后我自主反思，尽管与学生接触才两个月，但我相信对他们自主学习策略、合作学习策略和认知策略的培养是有一定成效的。

（二）翻转课堂，精准施教

1. 数据驱动，精准教学

英语教学有三个视角：课程视角、教师视角和学情视角。课程视角是在英语课程视野中，思考文本与所在单元、整册教材、所属年段甚至整个学段的地位及效能；教师视角是指有语篇意识，深入领会文本思想，准确把握作者意图，剖析文本特征如结构、语言、线索等，对语言学习的策略、方法和技能等方面的教学重点难点做到心中有数；而学情视角则是激发学生兴趣，基于学生的语言实践，让语言学习连接生活、文化和情感，提升学生的体验与思维能力。学情分析属于新兴的现代教育教学理论，是教育目标设定的基础，是教学内容确定的依据，更是我们教学设计的落脚点。以前我们主要采用自然观察法、个别谈话法进行经验性的预估，在大数据时代和人工智能时代，学情分析方法也迭代更新了。今天我们采用的是工具性分析法，基于学习平台的数据，分析学生的学习起点、学习状态和学习效果，更加客观精准、即时有效。课前，通过学生情况、文本情况、技能情况的数据收集反馈，分析学生学的起点。我在课前通过翼课网英语学习平台布置前置性阅读任务。学生完成后，学习平台会从班级整体和学生个体两个渠道、语言综合能力和语言专项能力两个维度生成和收集数据。班级整体情况的数据用班级整体综合能力雷达图和班级整体专项能力环形图表述。同时，平台会对数据进行智能化分析，形成阅读教学的诊断，并提出相关的教学建议。数据驱动进行学情分析是通过班级和学生的两组图形数据完成，有利于教师提前了解班级和学生的学习起点，针对性设计课堂教学，提高课堂效率，让学习真正地发生。针对如何利用数据促进学生学的状态，我认为可以从学习过程、学习效果和学习品质三个维度来分析。

首先是学习过程。在本节课例教学中，我请学生用思维导图进行学习小结，通过手写板把学生反思和总结的思维状态显性化，把学生对所学所悟的认知和理解结构化。其次是学习效果。我布置的写作任务，通过人工智能批阅后，平台会呈现班级整体完成情况和学生个人完成情况，教师可以借助班级等级评价柱状图来了解班级整体的学习效果。课堂教学是一个动态变化、不断生成的过程，数据即资源，只有通过信息技术手段才能充分盘活和利用好有效的数据资源，及时回拨教学。最后谈谈学习品质。我们对学习能力并不陌生，但什么是学习品质？学习品质与学习能力又是什么关系呢？学习品质通常来说包含学习态度、学习习惯、学习行为和学习能力。在本课例中，为培养学生高阶思维能力，我设计了写后思辨型的讨论任务。学生如果使用PAD上课，教师可以通过智能化教学平台的投票功能，即时且直观地了解到学生的观点和态度，并利用这些数据背后表达的情感、态度和价值观对学生进行三观的引领。

2. 多模态语言教学

在语言教学中，应利用一切符号手段促进教学，激发学生的学习兴趣。这种背景下，多模态化的读写课教学方式，以及培养学生的多元读写能力和英语综合运用能力必将成为英语教学模式的发展趋势。读写课模式有其科学理论支撑：各种语言能力之间相互联系、相互影响，一种语言能力的提高可以带动其他语言能力的发展。许多研究都表明阅读与写作能力之间呈正相关关系，阅读中所积累的话题词汇及对篇章结构的模仿学习可以引导写作的输出。本课例设计探讨三段式读写教学模式如下：课前读写，学习内化—课中写评，以评促写—课后读写，拓展提升。

（三）知识迁移

1. 仿写

在"课前读写，学习内化"环节，通过对范本阅读的练习设计，复习和巩固单元话题的相关内容和词汇，从框架、内容和表达方面为写作做好输入的铺垫。同时，培养学生对教材中阅读篇章仿写的思维，了解人物写作的技巧，积累表达，训练写作微技能。

2. 合写

Widdowson（1984）认为，"写作是一个互动的、交际的、认知的、真实的社会过程。"教师如果对写作过程的互动性加以引导，则可以充分发挥不同层次学生的主动性和能动性，增加学生在写作过程中的交往，通过认知冲突重建思维，从而使每个人的个人潜能和需求都得到充分的满足。合作写作以"pair work"形式完成，其形式为"学弱生执笔，学优生辅助"，这样各层面的学生都有参与的任务。如此一来，生教生，以强带弱，小组合作不是形式上的大合唱，而是实质性的思考、表达、讨论与交流。同时，在评价这个环节中，同伴评价实际上也是合作学习的一种形式，其重要理论基础就是库尔特·勒温（Kurt Lewin）最早提出的"群体动力理论"（group dynamics）。通过师生、生生互动的课堂活动，既能较好地激发学生的兴趣，又在一定程度上降低了困难学生的难度，从而激发写作欲望。

3. 评写

在"课中写评，以评促写"环节，建立师生多元化的评价方式，纸笔技术的电子设备能够把学生的创作上传到翼课网英语学习平台，人工智能即时阅卷，教师现场可以了解全部的数据反馈。学生的习作直投到屏幕，通过"写后三评"促进学生写作的提升。一评是由人工智能完成，二评是由教师引领学生通过量表完成，三评是鼓励学生学会评议他人习作。

本课型尚在摸索和探讨中，仍有许多不足和困惑。比如，课堂时间如何合理分配以避免写和议占时过多导致时间不够；写作过程中如何鼓励不同层次的

学生积极参与,破除"伪合作"而实现"真合作",让人人都有收获;非执笔的学生如何在合作写作后把群体的劳动成果内化为学生个人的学习成果;等等。

感谢您的聆听,希望您对本课提出宝贵意见和建议。

最后,祝愿教育同行们诸事顺遂、安康幸福!

第六节　无画处皆成妙境

——我的"留白"教学思想

一、我的"留白"教学思想

教育既是一门科学，也是一门艺术，教学过程融科学性、思考性和艺术性于一体。自倡导"高效课堂"以来，"快节奏、大容量、高效率"的课堂逐渐成了一种流行的时髦追求。从字面分析，"快节奏、大容量"是手段，"高效率"是目标。这样目标的追求本身没有任何不对，但是，"快节奏、大容量"是否就能一定生成"高效课堂"呢？我认为这是缺乏逻辑的强行因果推理。"快节奏、大容量"的课堂体现的"教师本位"思想，确保的是单位时间内"教"的效率；但是从"学生本位"的角度看，"高效课堂"不仅仅看的是教学过程的优化和教学效能的最大化，而是更应该关注学生学习的状态和学习的成效。因为"高效课堂"的评判标准的落脚点是学生，而不是教师。学生学习效率的最大化和学习效益的最优化才能体现课堂的高效。《论语·先进》中子曰："过犹不及。"教师只有善于抓住和把握学生的心理认知规律，使教学容量和教学节奏"适度"，才能有良好的教学效果。过大的容量、过快的节奏会导致教育的艺术感和学生的获得感缺失，教师的教学少了从容和自然，学生的学习因疲于应付而囫囵吞枣。

那么如何改变这个状况呢？我不断思考和探寻教育实践的内涵，提出了"留白"的教学艺术。从心理学的角度，格式塔理论认为，任何事物均可被视为一个完整的结构，当人们在看到一个不完整即有"缺陷"或"空白"的形状时，会情不自禁地产生一种紧张的"内驱力"，并促使大脑积极活动去填补和完善那些"缺陷"和"空白"，使之趋向完美，从而达到内心的平衡，获得感受的愉悦。在课堂教学中，教师要善于抓住和把握学生的这种心理认知规律，适当留白，进而推动课堂教学的动态生成。如果从艺术的角度去看教育教学，"留白"是中国艺术审美的一个观点，在文学、音乐、喜剧、绘画等艺术领域，作品中的留白以无胜有，体现出中国传统艺术的智慧，且具有很高的审美价值。我小时候跟随父亲学习国画的经历，让我想到将"留白"思想迁移到教学中。

恰当地运用"留白"教学艺术，有利于克服教师教学过程设计得过分细密、教学过程中"大包大揽"——过早中断学生的思维活动，过早向学生提供答案，过早替代学生进行知识小结，过多地运用媒体而忽视文本本身的价值等现象。恰当地运用留白艺术可使教育教学获益良多：有利于激发学生的求知欲，让学生自我构建认知，积累语言知识和技能；有利于启迪学生思维，感悟语言，丰富学生想象力和情感认知；有利于为学生提供思考、探索、合作和创造的时空；有利于形成一种语言教学所特有的韵味和悠远的意境，淡化教育的痕迹，体现教育教学的艺术性；有利于充分发挥教师的主导作用和学生的主体作用；有利于教与学的有机统一。基于此，我提炼出"三自""三还""三留"。

"三自"："自然开始""自在建构""自如应用"

"三还"：把讲的权利交还给学生

把问的机会交还给学生

把评的自由交还给学生

"三留"：保留学生自主学习和展示交流的时间

保留思维、语言、活动的进展

保留自行解决问题的空间

二、我的教学思想凝练过程

在三年多的研修期间，基教院围绕个人教学风格这一主题，精心安排了通识学习、同伴研讨、导师答辩、个人凝练、完成专著等个人教学风格凝练的研修课程。通过研修，我从"平实、简约"的风格逐步凝练了"留白"的教学思想，探索形成了"简约、灵动、融合"的教学风格，建立了"CER"三段式读写教学模式。其过程如下：

（一）第一阶段：分析教学个性，设计教学发展方向

1. 定性——分析教学个性

教学风格因个性而独特。教学风格是教师教学个性化的标志。我在导师和同伴的帮助下，从自身的思想、思维、语言、性别、年龄等方面总结分析。

2. 定向——确定教学风格发展的方向和人生走向

（1）确定教学特点：平实型，简约型，理智型。追求的作课特点是简单质朴、真实自然。刚开始，拟以"简单英语"为风格。后来觉得太简单了一点，意蕴不够。

（2）人生走向定向：一个有追求的教师，一个有远大抱负的教师，一定要善于筹划未来，确定个人发展方向，要以自觉的行为做必然发生的事情，要发现自我、找到自我、超越自我。

3. 定法——设计发展路径

三段论：模仿——探索——创造

（1）模仿：要模仿名师。我模仿了山东省聊城市教育局张维宪老师。

模仿的路径：先专后博，先博后专。我目前在先博后专的阶段。

模仿的重点：在思想，在思路，在风格。我对张维宪老师的模仿主要在其风格和方法，总结了不少留白的形式。

模仿的方式：专著与课例结合。我上了若干留白的公开课，反响不错，正在准备专著的撰写和出版。

（2）探索：课在打磨中精美。每年打磨一两节精品课。探索教学风格、作课特点；探索教学的思路、方法、技巧和细节处理；探索用先进的教育理念来指导教学行为。

（3）创造：教师要形成自己独特的教学风格，"创造"极其重要。要实现真正的创造，教师必须用自己的眼睛去看，用自己的头脑去想，用自己的方法去做。

（二）第二阶段：研究名师作课特点，形成教学思想主张

站在巨人的肩膀上看得更高，望得更远。站在名师的肩膀上更容易成就自己。

1. 自我研修，积极模仿

对一位、多位名师进行专题研究，分析其课例、文章等，总结其作课特点和教学风格，并积极主动地模仿名师作课，感受其风格特点和教学艺术。由于在教育领域里英语教师和英语学科课堂探索留白教学的并不多，所以我跨学科进行学习。

2. 大胆借鉴，扬我所长

做最好的自己。每个人都有自己的长处，每个教师都有自己的教学特点，要专心做自己最擅长的事。

与名师有差异，要正确取舍、大胆借鉴、扬长避短，让自己的长处更长、优势更优、强项更强，把最好的一点发挥到极致。

3. 提炼观点，形成主张

作为教师，最可贵的是有自己的思想主张，对教学有自己独到的见解，对教学内容的处理、教学方法的选择、表达方法的设计都有独特的认识。

怎样形成教学思想主张？导师告诉我，找准切入点，形成教学主张。例如：李吉林从情境切入，王崧舟从诗意切入，窦桂梅从主题切入，孙双金从情与智切入，薛法根从组块切入，张伟从球形切入，钱梦龙从导与读切入，程红兵从人格切入，韩军从人文切入，李镇西从民主切入。

（三）第三阶段：开展课堂系列研究，提升教学实践智慧

（1）课例研究——聚焦课堂。我有多节不同层级的公开课，包括3节省内支教课、2节区内研讨课、1节校内展示课，都是展示"留白"教学风格的课例。

（2）课题研究——专项探索。因为本人已经承担了一些课题工作，所以就个人教学风格专题展开的课题目前还没有申报。

经过三个阶段的磨炼，我不断在思索和探寻。英语的课堂教学普遍存在的现状是，教师唯恐完成不了教学内容或担心学生在课堂收获太小，盲目追求大容量快节奏的课堂，整节课安排得满满的。长此以往，会导致教师疲于奔命，

学生穷于应付，师生好比穿上了童话里的红舞鞋，陷入了"舞不停"的怪圈。面对如此困境，我开始叩问自己：过于的充实，是不是有点过犹不及？课堂教学也是一门艺术，艺术间的规律可以相融贯通吗？可否给课堂一份"留白"换取别样的精彩？

三、我的"留白"教学思想之解读

（一）"留白"的艺术起源

"留白"源自中国绘画艺术用语，原指在画面布局上留下空白，让人浮想，引人回味，它是中国艺术审美的一个重要观点。留白也是艺术表现手法之一，是指在艺术创作中为了更充分地表现主题而有意识地留出"空白"。无论是文学、音乐、摄影，还是戏剧或绘画，作品中的留白以无胜有，不仅显示出中国传统艺术的智慧，而且具有很高的审美价值，是一种智慧也是一种境界。如南宋马远的《寒江独钓图》，一叶扁舟，一位悠然垂钓的老翁，整幅画面没有任何水的痕迹，却营造了烟波浩渺的意境，所谓"此处无物胜有物"。作为独特的艺术活动，课堂教学同样需要空白之美，讲究留白艺术。

（二）"留白"的时代背景

新时代，新思考，新作为。新时代背景下，课程标准强调，学生的学习过程是一个自主构建自己对知识的理解过程。学生带着自己原有的知识背景、活动经验和认知理解走进学习天地，在主动参与、积极互动的活动中通过个性体验、独立思考、与他人交流等去构建对学科的理解。课堂教学的目标不是单向把知识传授给学生，更不是采取灌输式的教学模式，而是在课堂教学的过程中给学生留下一定的思考和探究的时间与空间，尊重学生的个性思维，培养学生的思维能力，从而促进学生的全面发展。课堂教学是艺术，留白的艺术是精彩的，留白的课堂也是精彩的。

（三）"留白"的理论依据

从心理学的角度，格式塔理论认为，人们潜意识里会把任何事物视为一个完整的结构，当看到一个出现有"缺陷"或"空白"的状态时，会不由自主地产生一种"内驱力"，大脑即时展开积极的活动去试图填补和完善那些"缺陷"和"空白"，使之趋向完整和完美。在"补缺填白"的过程中，人们会产生实现或成就的愉悦感觉，从而在情感和认知上都能达到平衡。在课堂教学中，教师要善于抓住和把握学生的这种心理认知规律，适当留白，进而推动课堂教学的动态生成。如果从艺术的角度去看教育教学，"留白"是中国艺术审美的一个观点，在文学、音乐、喜剧、绘画等艺术领域，作品中的留白以无胜有，体现出中国传统艺术的智慧，且具有很高的审美价值。我小时候跟随父亲学习国画的经历，让我想到将"留白"思想迁移到教学中，并且在实践中取得了比较好的教学效果。

（四）"留白"的形式内涵

课堂教学中，教师要适当为学生留白。留什么？如何留白？留白主要应包括四个维度：留内容、留空间、留时间、留问题。具体来说，留白方式主要有以下几种：导入时留白、讲解留白、衔接留白、迁移留白、思维留白、重难点处留白、问题留白、认知冲突留白、出错留白、高潮留白、评价留白、板书留白、结课留白、作业留白。

（五）"留白"的教学策略

留白从字面意义分析，就是在作品中留下相应的空白，但留白不等于空白。英语教学是一项多向性、开放性和艺术性很强的教学活动。该如何相机而动，留下"此时无声胜有声"的意境，留给学生自由思考、自主发展的空间？又该如何充分发挥学生作为课堂主体的积极性，提升课堂教学的效能？我提出以下的"留白"教学策略。

1. 留白连接生活

杜威的教育思想"教育即生活""教育即生长""教育即经验的改造"很多人都耳熟能详，这和陶行知的"生活即教育"有异曲同工之妙。语言是工具，语言的应用离不开生活实践。生活化教学是将教学活动置于现实的生活背景之中，激发学生作为生活主体参与活动的强烈愿望，让他们在生活中学习，在学习中更好地生活，获得有活力的知识，并使情操得到真正的陶冶。留白联系生活，是指教学内容与生活现实联系，在生活情境中创设思考和应用的留白，以激发学生对生活的热情、思考和珍爱。

2. 留白连接思维

瑞士教育家裴斯泰洛齐曾说："教育的主要任务不是积累知识，而是发展思维。"可见，人的成长需要有思维的空间，独立思考权是学习者的权利和自由。教师应成为学生独立思考权的保护者、引导者和促进者。留白联系思维，本质上就是尊重人性的价值——人的独立性。留白也应当悉心为学生的思考创造条件，培养学生的思维。那么，为培养学生独立思考的习惯和能力，教师应该在什么条件下留白呢？我提出留白应联系五个思维点：盲区点，延伸点，生长点，碰撞点，异向点。

孔子曰："不愤不启，不悱不发。"而"愤"和"悱"就是学生进入积极思维状态前思维上的空白。在对待学生的学习盲区点、延伸点和生长点的时候，教师可以巧妙运用富有启发性的教学语言，给学生充足的时间和空间，导之以趣、导之以法、导之以思。点燃学生探索的热情，激活学生的思维，落实建构式学习。对待学生的学习碰撞点和异向点，教师可以为学生设计优质的问题，改变以往标准答案式的定式思维授课，让学生在处理问题的时候可以发挥自己的想象，有破有立，这样才能实现英语课堂的创新教学。

3. 留白连接管理

留白连接管理体现在小组活动学习中。目前，不少教师在组织小组活动时存在着教师指导不到位、学生合作探究时间不充足等问题。为了完成教学任务，教师习惯匆匆忙忙地中断学生的思维活动，急于安排学生展示答案。学生没有充分的独立思考就不可能形成自己的思想和认识。所以，需要在小组合作学习过程中留白，在交流之前，教师不但要给予学生时间和空间形成自己的观点，还要留给学生时间整理自己的思路和思维，这样学生的交流才能有基础、更充分。留白连接管理还体现在学生走神的时候。科学研究证明，学生一节课集中精力的时间一般在20分钟左右。当学生注意力分散时，教师可采用突然停止教学活动的方式，留下短暂时间空白，以引起学生的注意，促使学生注意力再次集中。留白连接管理，其目标是培养学生自主教育的意识，形成自我管理的策略，提升自我发展的能力。

4. 留白联系认知

元认知是对认知的认知。巧妙地利用学生原有的知识，也就是元认知，这样不但可以帮助学生温习已学的知识，还能帮助学生形成一定的知识框架，提升总结能力。课堂教学，应符合学生原有的认知结构。认知留白，意为既不能过于浅白而使学生不屑于思，又不能难以企及而使学生不知所思。留白的设计宜设置在学生发展的"最近发展区"之内。

（六）"留白"的意义价值

课堂教学中的留白是指教师根据教学需要，不通过直接讲述的方式明确将一些学习内容告知学生，而是通过言语激发、提出问题、讨论交流等方式留下"空白"，引发学生在更广阔的时间和空间里联想与想象、思考与探究，更好地发挥学生主体作用的一种有效的教学策略。留白不是俭省，也不是避重就轻，而是引而不发，是一种教学智慧。如同绘画留白，让课堂充盈着无限的遐想；如同音乐留白，让学生的情感体验情意绵绵；如同书法留白，营造出空灵的课堂空间。

恰当地运用留白艺术，有利于克服教师教学过程设计得过分细密，教学过程中过早中断学生的思维活动，过早向学生提供完整的答案，过早提供完整的知识小结等问题，也有助于抑制教师过度追求大容量、快节奏与高密度，过多地运用媒体而忽视文本本身的价值等现象。恰当地运用留白艺术，有利于培养学生的学习兴趣、发展学生的想象能力、均衡学生发展的差异，还可淡化教育的痕迹，增强教学的艺术性，实现教育无痕。恰当地运用留白艺术，有利于充分发挥教师的主导作用和学生的主体作用，有利于教与学的有机统一。

（七）"留白"的困惑挑战

"留白"思想的困难与挑战在于：教师留白了之后，学生会不会应用这个空间？"留白"会不会影响课堂实施的流畅性？如何做到"留而不流"？学生在长期的压抑下，缺乏一种课堂的自主性、能动性和积极性，所以，我认为教师需要先唤醒学生学习的自主性，然后激趣、激励，同时通过赋能，帮助学生掌握学习的策略和方法，进而师生一起解决留白导致的空白和尴尬。在这个过程中，赋能和赏识教育是非常重要的，首先要赏识、信任学生，其次要教给学生方法、技巧,和他们一起成长。

陶行知先生提出了著名的"六大解放":解放儿童的头脑,使他们能想;解放儿童的双手,使他们能干;解放儿童的眼睛,使他们能看;解放儿童的嘴巴,使他们能谈;解放儿童的空间,使他们能到大自然、大社会中取得学问;解放儿童的时间,不把他们的功课表填满。这是从教育和课程的宏观层面实施的"留白",与此同时,从课堂设计的微观层面落实"留白",则和陶行知先生提出的"解放"的教育思想有着异曲同工之妙。

四、"留白"教学思想的课堂实录

以剑桥大学出版社教材中的一个单元教学为例,阐述"留白"教学思想在课堂中的应用。

本课所用教材是剑桥大学出版社2012年出版的原版教材Student's Book 2 of Interactive,教学内容是Unit 5 Future Life的第五课时Portfolio 5 An opinion essay。重点是巩固并应用本课提供的阅读材料,应用"以读带写"的仿写策略,从语篇结构(总—分—总)、句型(表达观点)这两个角度进行模仿写作,表达个人对未来生活中某些话题的观点和看法,从而实现最终的语言输出。

我在自创的"CER"三段式读写教学模式中应用"留白"的教学策略如下:

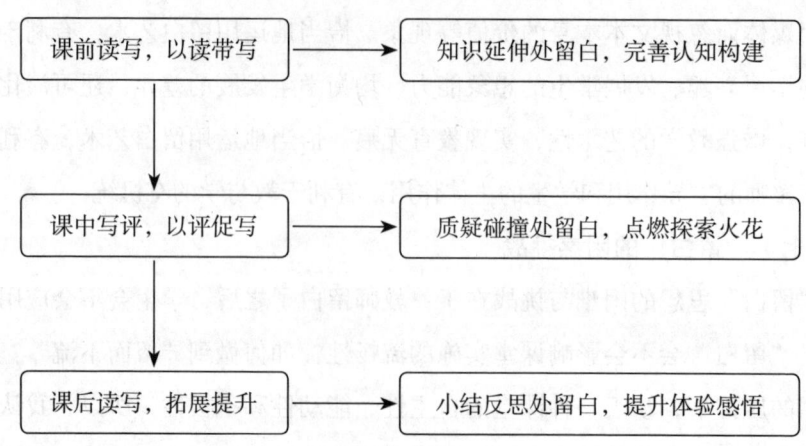

(一)知识延伸处留白,完善认知构建

本课是读写模式,我们在处理拓展阅读这一环节时,不必每节课都把这一

环节纳入课堂，可通过布置前置性练习的方式"留白"，激发学生阅读期待心理，引导他们查找相关资料，培养动手实践、主动获取知识的习惯和能力。在本环节，我通过导学案设计了两处"留白"练习：

"留白"练习一：语言知识"留白"

这是读前激活思维的练习，EX1主要创设服饰品情境唤醒学生的知识储备，EX2是从词汇知识延伸到句型知识，引导学生对本课知识点从词到句、从观点到句型进行归纳和积累，为写作环节进行语言铺垫。同时，培养他们敢于自我表达的能力。设计如下：

Section 1. Before class

Pre-reading: Activate your background information

Ex.1 Match the words with pictures.

1 boots	2 coat	3 dress	4 jacket
5 jeans	6 jumper	7 shirt	8 shoes
9 shorts	10 skirt	11 socks	12 tights
13 trainers	14 trousers	15 T-shirt	

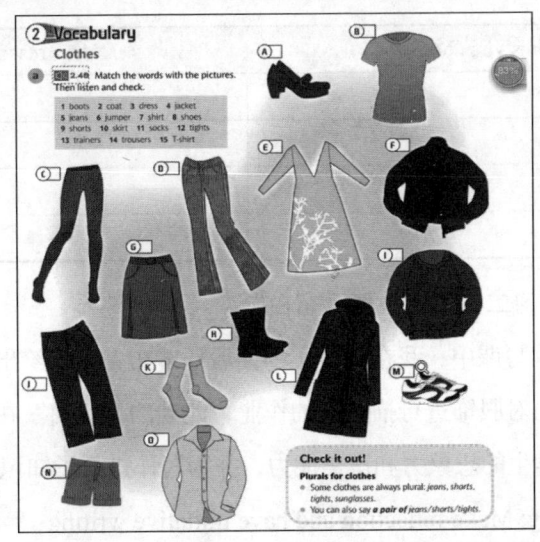

A_____ B_____ C_____ D_____ E_____ F_____
G_____ H_____ I_____ J_____ K_____ L_____
M_____ N_____ O_____

107

1 belt　　2 bracelet　　3 earrings　　4 glasses　　5 hat
6 necklace　7 ring　　　8 scarf　　　9 sunglasses　10 watch

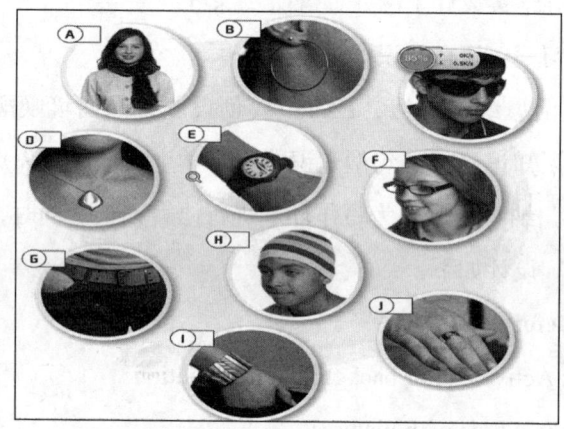

A_____　B_____　C_____　D_____　E_____
F_____　G_____　H_____　I_____　J_____

Ex.2 If you are asked to choose clothes for your teacher as school uniform, which items above would you prefer? And explain your reasons for it, please.

Items you choose	Your reasons for it

"留白"练习二：语言技能"留白"

在英语的读写课中，我在导学案的读后环节布置了"绘出你们学校教师制服的图画并用英语对服饰进行描述"的作业，此处的"留白"在于把学习和生活结合起来，开发学生的想象力和审美能力，并为写作进行了知识技能的铺垫。

Post-reading: Make reflection and have imitative writing

Ex.1 Mindmap what you've learned from Kirk's essay about the writing of an opinion essay.

Ex.2 Design a uniform for the teachers at your school.

Your drawing for the teacher uniform

Your description

（二）质疑碰撞处留白，点燃探索火花

"留白"设计一：问题"留白"

孔子曰："不愤不启，不悱不发。"朱熹注："愤者，心求通而未得之意；悱者，口欲言而未能之貌。""愤"和"悱"，实际上是学生进入积极思维状态前的心理状态上的空白，此时，学生的注意力、思维、情感、意志等交织在一起，是智力发展的最佳时刻。教师要善于创设这样的空白情境，引导学生进入"愤"和"悱"的状态，点燃学生探索的热情，激活学生的思维。我在课文的导入环节，设计了拉幕式的PPT，使用遮掩功能和学生们一起进行了看校服猜猜天河区6所公办中学的游戏，激发了学生的好奇心，学生异常兴奋，反应热烈，形成了课堂的小高潮。

"留白"设计二：质疑"留白"

新课标引领的课堂改革在很大程度上改变了传统的相对封闭的教学状态，学生已经非常喜欢这种开放、生动、多样、平等的上课方式，尤其是对把课堂变成一个大舞台，能让他们充分展现自我的做法，学生非常喜欢。所以学生们乐意上读写课，参与"自评他评，以评促写"的热情很高。

课中小组合作写作，生生互导互评的环节，我设计了开放性问题，通过"留白"引导学生能够应用本次读写课关于校服话题的语言知识，学会倾听和评议。

Pre-writing : Activate the background information

Section 2. In class

(1) *Play a guessing game.*

(2) *Display your findings in groups.*

While-writing: Have co-operative writing in groups

Cool Design

The school art festival is coming. The Student Union is going to collect the opinions and new designs for school uniform. You are asked to write to the Student Union. The following information should be included in your writing.

What do you think of your school uniform? Please state your reasons for it.

If possible, design a new school uniform for the students and describe it with the words you learn from the text.

（三）小结反思处留白，提升体验感悟

新课程改革要求学生能够在学习中体验，并结合实践，通过与生活实践结合的教育，得到感悟，这样的教育就给了学生最深的体验，并在切身体验的认识过程中，实现自我教育。

本课的最后环节，我设计了1.5分钟的香奈尔短视频播放，师生在音乐中体验、感悟和反思。画面上可可·香奈尔小姐优雅的身段、得体大方的穿着向学生展示了艺术的美，视频中香奈尔对艺术追求的理解引领学生从本课"校服"的话题提升到"时尚"的话题，引导学生思考什么是美，赏析和追寻美的优雅意境。

Post-writing: Promote writing with evaluation

Section 3. After class

Ex. 1 Extended reading: read the following passage and fill in blanks.

My View on School Uniform

Nowadays, almost all junior and senior students wear school uniforms, which has aroused a heated discussion among students. Some are for it because they needn't worry about what to choose for school dressings every day. Besides, poor students will not be looked down upon by wearing the same school clothes. Most importantly, students can feel proud of schools.

However, other students are against wearing school uniforms for they think the uniform style is old-fashioned. And the colors are too boring. What's worse, some school uniforms are poor quality but expensive.

What do you think of it?

Views on school uniform	For	Against
Supporting details		

Ex. 2 Extended writing: *choose the topic you like* and finish the writing.

Task 1 学校为初一新生设计了一款校服,男式帅气,女式俏丽,很受学生们欢迎。但有家长提出,这样的校服容易使学生分心,甚至会助长男女同学之间的爱慕心。校方对此很为难。请你给校长写一封信,表达你对校服的看法,并提出帮助校方解决家长顾虑的建议。

要求:观点明确,表达得体,信的开头已经给出。

Dear Sir,

I'm writing to tell you about _____.

Task 2 Make a survey on how your parents think of their work uniforms.

Views on work uniform	For	Against
Supporting details		

Share some famous sayings about dressing

(1) 时尚易逝,风格永存。——Coco Chanel

(2) 有人认为奢侈是贫穷的对立面。其实不是,奢侈是粗俗的对立面。——Coco Chanel

(3) 设计是一种永恒的挑战,它要在舒适和奢华之间、在实用与梦想之间取得平衡。——Donna Karan

(4) 我认为,优雅不是要传达低调,而是要抵达一个人非常精华的层

面。——Christian Lacroix

（5）穿衣打扮是生活的一种方式。——Yves Saint Laurent

本课例是2016年天河区特色学校现场会上一节学校特色文化渗透公开课，授课地点在南国实验学校，是异地教学，而且抽签抽到的上课班级是该校英语基础相对薄弱的教学班。40分钟过去后，随着下课铃声的响起，看上去还没有尽兴的孩子们依然安坐在位置上，眼睛齐刷刷地看着屏幕若有所思。课后，我与来自天河区教育局的领导、天河区各中学的教学管理人员及骨干教师进行了交流，他们也比较认可我的"三段式读写教学模式"以及"留白"教学思想在本课例中的应用。我享受着教学思想和教学理念践行中的喜悦，享受着这节课"留白"所带来的别样精彩。

苏霍姆林斯基说过："最好的教育就是自我的教育。"教育不仅仅是简单的说教和无奈的责骂，更是师生共同经历、相互激荡的生命历程。如果我们的课堂是学生在主动的体验下得出认识，从而同化、顺应旧认知体系并建构新认知体系的过程，那么学生通过"体验——认识——感悟"受到的教育，才是最有实效的。教育是一种促进人成长的手段和方式，在教育中，教育工作者应要根据人的生活方式、心理特征、个性发展来实施教育的策略和手段。本节课，我选择了"留白"教育，取得了很好的课堂效果。当然，课堂教学中的"留白"，有时是刻意为之，有时则因为受课堂时空限制以及教材重点的要求，是"随意"为之。但无论哪一种情况下的"留白"，都要求起到铺垫、蓄势的作用，达到引发学生"向青草更青处漫溯"的教学效果。

附：本课例教学设计

2016年天河区特色学校现场会
学校特色文化渗透公开课

Reading and Writing

Time: September 23, 2016

Place: Class 1, Junior 2

Teacher: Chen Di 陈迪（Guangzhou Tianhe Foreign Language School 广州市天河外国语学校）

Teaching Materials: Student's Book 1 of Interactive, Cambridge University Press

Teaching Topic: Portfolio 10 of Unit 10 Looking Good

【Teaching aims 教学目标】

A. Knowledge and skill

(1) Grasp the expressions of describing a school uniform in different aspects, such as colors, occasions, materials, design, etc.

(2) Improve the skills

B. Strategy

(1) Develop cognitive strategy — imitation of writing in reading, cooperative learning

(2) Spur the imagination of designing a school uniform and courage to present personal opinions

(3) Promote writing by means of evaluating peers' work

C. Awareness

(1) Learn about the benefits and drawbacks of high technology so as to develop the critical thinking

(2) Cultivate the awareness of literacy and humanism

【Teaching Important Points 教学重点】

(1) Learn to write an opinion essay with the imitation of a reading material

(2) Learn how to have cooperative writing

(3) Learn how to evaluate others' writing

【Teaching Difficult Points 教学难点】

(1) Share personal views with reasons or supporting examples

(2) How to write an introduction essay, with the structure like introduction, logical supporting paragraphs and conclusion

【Teaching Aids 教学手段】

a computer, a projector, a blackboard, some colored paper

Teaching Procedure 教学过程				
教学环节		教学内容	活动设计	活动目标
Before class	Pre-reading 自学把脉	Presentation and activation	Activate the background information	阅读环节是通过导学案设计前置性学习完成，主要分三步：读前，激活思维读中，阅读观察读后，内化尝试引导学生通过课文篇章阅读学习写作的技巧，为新的写作训练架起"引桥"，以读促写。
	While-reading	Reading and imitation	1. Skim to learn about the structure 2. Scan to learn about the expressions	
	Post-reading 互学观情	Internalization and application	1. Internalize what can be learned from reading 2. Try a hand at writing a short essay	
In class	Presentation 交流诊断	Enjoy a fragment of the movie "I, Robot"	Task: Which year is it in the film? What will the robots look like in 2035? What will they do?	这是写前环节。通过对阅读练习的处理，利用阅读材料帮助学生搭建话题的支架和写作的篇章支架。首先，通过观看影片导入话题，激发兴趣；其次，小组展示自学成果，表达自我感想，为写作铺垫。最后，教师点评反馈。
	Pre-writing	Display the students' findings in their previous assignment	Group 1: pre-reading	
			Group 2: while-reading	
			Group 3: post-reading Mindmap the gains	
			Group 4: post-reading A short opinion essay	
		Feedback on homework	Focus on the important points	
	While-writing	Write an opinion essay with the imitation of the reading	Choose one of the subjects on P45	尊重学生的选择。
			Have co-operative writing in groups	合作写作，生教生，以强带弱，共同发展。

续表

Teaching Procedure 教学过程			
教学环节	教学内容	活动设计	活动目标
In class	Post-writing 阐理治疗	Improve the writing by means of evaluation	Make comments on the peers' essays	生评生，师评生，以评促写，引领提升。
		Improve the critical thinking	Enjoy a video to think out of the box	培养批评性思维，引导学生思维进行纵深发展，为作业布置正反观点的作文学习进行铺垫和准备。
After class	Summary 反思康复	Reflect	Free talk	从opinion essay的写作拓展到pro-con essay写作，帮助学生继续深化"以读带写，以评促写"的策略。
	Assignment 巩固强体	Give expanding assignment	Assign another reading-writing task	

五、我的教学风格：简约、灵动、融合

教学风格是什么？教学风格是多种多样的，不同的教师有着不同的教学风格。有的教师喜欢旁敲侧击不断启发；有的教师喜欢开门见山拨云见日；有的教师在课堂上一言九鼎，如同知识的化身让学生默然叹服；有的教师是和风细雨，如同朋友般与孩子们融为一体；有的教师的课堂朴实无华，能将复杂的问题简单化；有的教师的课堂巧妙设计，引导学生对简单的问题进行深入的思考。平时我听其他老师的课，常常被他们的精彩之处打动，在教学中总是想将他们的优点集于一身，最终却难以做到。我认为，教学没有好坏风格之分，只有高低之妙。一名教师的教学风格一是与其个人性格有关，二是与其个人际遇有关，三是与其个人知识素养有关。只要有利于学生知识与技能的掌握，有利于学生心智的开发，有利于促进学生思维与情感的发展，那么无论采用什么样的教学方法、形成什么样的教学风格都是好的。

我的教学风格是什么？什么样的教学风格才适合我？回顾从教二十多年走过的路，我从初出茅庐的稚嫩与青涩，经过在教学中的探索与努力，发展到现

在的平和与成熟。我虽不知自己的教学风格是怎样的，但依稀记得朋友或同事告诉过我的一些事："××的孩子很喜欢你的课，甚至在家里学着你的语气与模样在表演。""××同学很欣赏你的课，在很多篇日记中写到你的课堂，写你讲的话。"……我沉下心来思考，如果这种影响算是风格的话，那么我的确一直在教学实践中尝试追求一种"简约、灵动、融合"的教学风格。

（一）简约

"简约"是我对课堂状态的最高追求。精于心，简于形。简约不仅是一种气质，一种风格，更是一种境界。如果课堂是一幅多彩的图画，简约课堂更像是一轴写意中国水墨画。简约课堂首先应当教学语言简约。教师课堂用语要简洁、深刻、凝练，不说废话。在课堂上，教师的讲要努力实现最少化，能通过学生自己阅读、自己动手完成的内容，教师就坚决不讲，正所谓"不愤不启，不悱不发"。

1. 教学语言简约

教学语言是教学信息的载体，是教师完成教学任务的主要工具。苏联教育家苏霍姆林斯基说："教师的语言修养在极大程度上决定着学生在课堂上的智力劳动效率。"所以说，教师的教学语言技能是提高教育教学质量的基本教学技能。简洁、准确地表达概念和规律，才能让学生正确全面理解。教学语言简约化需要做到以下几点：增加词汇量，让课堂表达拥有更多的词语选择余地；讲课时主题突出，不能跑题；精心备课，细致写教案。教师想要把话说得精当到位，前提是教师精通行业，具有深厚的专业知识和扎实的教学功底。教师要针对每节课题，广泛搜集有关信息，深入领会要点内容，吃透其精髓，让这些积累和储备作为讲授的根基，支撑起丰富的课堂。这时候，教师就不会出现词不达意的现象。

2. 教学手段简约

简约的教学手段有很多，我最推崇的是用简约的图示（如思维导图）表达复杂抽象的情感和观点过程。如在高中英语人教版必修三第5单元Travelling True North这个以游记为主题的单元，我引领学生通过思维导图，以时空两个维度作为线索梳理全文，学生短时间内就把握了文本的特征，厘清了思路和结构,从而深化了对文本内容的理解和内化。

3. 教学环节简洁

课堂导入在一节课的教学中起着很重要的作用,现在有许多教师很瞧不起那些简单的引入方式,为了渲染课堂气氛把本来很简单的内容复杂化,为了联系实际,把一些与教学内容无关的或难以理解的内容强加到课堂中,无端的设置了许多障碍,使学生们一开始就迷雾重重,影响了整节课的教学效果。我认为,简单、直接的引入更适合课堂教学。当下课堂更加注重学生的合作学习,小组合作学习已经成为课堂上一大风景,然而,这种学习方式真正成功的却很少。要么一堂课乱糟糟,老师很难驾驭;要么流于形式,每一个问题都事先设计好,学生按照老师的思路进行。我认为,其实合作学习的价值不在于其结果,而在于其过程,一节课有无合作学习的必要,该怎样进行合作学习,都是值得我们认真思考的。在许多情况下我们不具备合作学习的前提条件。我们完全没有必要把原本安静、简明的课堂弄的过于热闹,也没有必要在课堂上分成固定的小组。对于高中课堂,为了启发学生深度思维,需要留给学生静静地思考时间,让学生在思考中不断完善思维品质,体验思想方法,陶冶语言情操。一节课,我们可以选择一个学生感兴趣的、激活学生思维的问题使合作学习深入地进行。大多数情况下要留给学生独立思考的时间。

(二)灵动

1."灵动"的内涵

"灵动"是我对英语教学的追求。"灵"意指智慧,代表灵气、灵性、灵慧;"动"意指变化,因为固定就会僵化,就会走向死亡。我向往的"灵动"课堂是:稀疏处可让学生天马行空,充分展示童心、童真、童趣;细密处又让学生感受引领的真诚、训练的慎密、帮助的细心。课堂上,学生能焕发生命的灵性和活力,展示独特个性和生命智慧,学习的过程应该是体验的过程、研究的过程和创造的过程。

2."灵动"的形成

我对"灵动"教学的追求最初灵感来自李镇西老师。他主张让语文课充满"灵气"与"活力"。"灵气"就是心灵之气,即师生内心深处丰富多彩的思想感情在课堂上自然而然的流淌与飞扬；所谓"活力"，指的是"活泼之力"，即语文课堂上呈现出的富于变化的蓬勃生机。我认为，作为语言教学，语文与英语有异曲同工之妙。语言教学与数理化教学的区别就在于语言课的"灵"与"动"，即语言是鲜活的、有灵魂的、有思想感情的，因而它的教学过程应该是活动的、流动的，而不应该是僵化的、一成不变的。

我的英语课，不刻意追求课程设计的环环相扣，我喜欢与学生自然、亲切、热情、愉快地"聊天"。不做刻板的预设，善于捕捉即时生成的对话中的"灵光"，展开真实的教学。我始终认为英语学习就是实实在在的语言实践活动，所以，我一直努力在课堂上创设丰富的活动，带领学生在活动中学习语言知识，感悟人文情怀。朗诵、演讲、辩论、视频创作、课本剧表演、合作作文、写作共同体建设等活动都是我课堂教学的重要手段。这些活动，为英语学习创设了真实学习的情境，搭建了脚手架，在活动中建构知识，为英语课堂注入活力，带来灵动。我在教学上喜欢"折腾"，喜欢推陈出新，合作学习、翻转课堂、活动教学、项目式学习等理念在我的教学实践中不断应用、创新和发展。从教学内容的确定到学习方式的变革，再到课程的开发与实施，这一切的努力，都使我的课堂呈现出生机与活力。我不喜欢就着老教案讲课，我的课会跟着学生的变化而变化，听课的老师经常发现，同一篇文章，针对两个班有可能是完全不同的设计处理，他们惊讶并佩服于我的"善变"。正是这种对新挑战的热衷，使我的课堂始终保持着一股"灵动"的气息。

3. "灵动"的体现

首先，明确目标，活用资源，尤其是活用课堂精彩的生成性动态资源。其次，捕捉生成，引导探究。在课堂上，时常可见学生发生"状况"时老师从容应变的生动隽美，那似乎不经意的教学动作中透出的都是难能可贵的教育智慧。我崇尚"无痕"教育，有空灵之气息，追求鲜有刀凿斧砍的痕迹却常可见整体设计的大气流畅、行云流水。第三，拓展创新，升华情感。课堂的灵动，不仅仅是一种机智，更是对孩子的宽容和呵护。作为英语教师，应充分开发学生的语言能力，培养学生的文学鉴赏能力，培养学生的情感态度和价值观。

（三）融合

1. 英语学科与信息技术融合

信息技术可以提高课堂效率，是现代教师必备的技能。传统的备课方式，教师要花较多的时间去查找资料和书写教案，而现今，利用信息技术的资源共享和搜集处理功能，教师在备课时，除了借助教材和教参，还可以通过网络撷取大量与教学内容相关的信息和资料，开阔教师的眼界，拓展教师上课的思路。教师利用计算机备课便于组建个人或集体的教学资源库。我们利用天河区天河部落信息网提供的平台，创建了"高中英语资源库"，教师可以把自己平时的教案以及在网络搜集到的相关资料、课件等，存在资源库中，然后每次备课时，可以把现在的与以前的进行对照，这样就可以对自己的教学思想、教学手段不断更新、完善，从而提高教学质量。课堂上教师还可以利用信息技术把微观变成宏观、把动变成静、把快变成慢、把平面变成立体。我利用校园里课室的电子白板设备，探索"交互式电子白板在高中英语教学中的应用"，上了全国和全省的公开课，努力把交互式电子白板的交互性和生成性充分运用到课堂教学中。

2. 跨学科融合

一篇题为《教育4.0：跨界思维下教育的融合创新》的文章，作者是王晓波，我读后获得了很大的启发。结合研修期间我在美国的所见所闻，加深了我对学科融合的理解以及对STEM课程的认识。近几年，来自美国的STEM教育在国内大热，不少中小学也纷纷投入资金和人力开设了STEM课程。然而，狂热背后，我们也发现中国STEM教育尚局限在非正式教育领域，未能进入常态化的课程与教学。究其原因，还是在于对STEM概念理解不清，与现有教育体系结合较难，学校在开展过程中往往遇到大量的挑战与困难。鉴于此，我国教育部在2017年印发的《义务教育小学科学课程标准》中对STEM概念进行了本土化。不同于国外强调理工科，国内的STEM更加强调跨学科、项目制学习，目的直指培养创新能力、实践能力、解决实际问题的能力。学科融合（Fusion of subjects，即FOS）教育才是符合我国现有教育体制的中国版STEM教育。

六、我的教学随感

省百研修总结

陈迪省百项目收获：

专家引领明方向，聚焦专业促成长；

多元交互呈精彩，同伴互助共提升；

求证探索寻自我，笃行凝练成风格。

沉潜涵泳收获成长

2015年，我带着对事业的追求、对工作中存在问题的困惑、对教育未来的美好憧憬，参加了广东省中小学新一轮"百千万人才培养工程"高中名教师培养项目的学习。在项目研修期间，我严格服从华南师范大学基础教育培训与研究院的教学安排，认真对待各类教育教学理论学习及实践活动。研修过程中我积极参与活动，努力完成作业，在专家、导师和同学们的谆谆教诲和指导帮助下，取得一定的教育教学成果。

这次研修像一场及时雨，给我们这些渴望先进理论理念的老师带来了全新的体验，感谢项目组的精心组织，感恩与这么多优秀的人相遇同行。通过现代教育教学理论的集中研修，通过聆听众多权威大师的讲座和优秀同行的交流，我汲取了当前中国和世界教育最先进、科学、实效的思想与信息，提高了自己对教育教学的认识水平、理论水平，更新了教育观念；通过课题申报与研究，在总结、反思及解决问题中，提炼了个人教学风格，增强了课程改革和课堂教学以及治理学校的能力，加速了名师成长进程；通过名校实地考察，探索名师成长路径，开阔了视野，提升了格局；通过工作室研修、送教访学、导师指导、同伴互助，提升了对教育和办学的实践认识，总结反思了自己的教育教学理念；通过导师跟岗学习和交流研讨，对照反观自己的教育教学，大大丰富了实践经验。

现从收获、感悟、启发三个方面将本次项目研修的学习成果总结如下。

（一）收获

收获之一：名家引领明方向，名师互助共提升

这次学习，我结识了一些有修养、学识造诣很深的专家、学者和老师，以及我们班的知名校长与好同学等。高山仰止，在感叹他们学术造诣高深的同时，我收获着思想与理念，在学习中逐渐生出对知识的强烈渴望。他们的讲座高屋建瓴、博大精深又深入浅出，理论与实践结合紧密，发人深省。他们身上执着不屈的办学精神、兼容并包的办学思想、锐意创新的办学态度，足以让我受用终生。

1. 提高了师德水准

深圳市第二实验中学正高级教师林伟做了关于"追求卓越之路"的主题讲座。他是广东省基础教育系统名教师、全国教育系统劳动模范、全国模范教师、全国"十杰教师"提名奖获得者。林教授虽然已经是省级名师、全国知名教师，但他非常谦虚，更令我敬佩的是他那爱岗敬业、恪尽职守、无私奉献的精神和一丝不苟、严肃认真的工作作风。林教授总是精神抖擞充满干劲，短短的职业生涯取得了这么多的业绩，我禁不住问他为何总是那么有干劲而不觉得累。林教授给出的答案是，他在享受工作，所以不觉得累。一切尽在此言中。这是一种崇高的思想境界，这是一种无私奉献的精神，这是一种高尚的师德！名家名师们高尚的师德和崇高的人格魅力深深地感动了我、折服了我，我的思想受到了深刻的撞击。我要以他们为榜样，努力向他们学习、靠近。

2. 更新了教育观念

（1）选择了一种职业，也就选择了一种生活方式。

只有让教育适合学生，才能让学生适应教育。林伟教授执教20多年来所秉承的教学理念是：树立三个观念——学科知识系统观、学科知识整合观、学科思维方法观；培养三个意识——教学规范意识、教学合作意识、教学探究意识；建设三个环境——学科教学意境、课堂教学意境、师生教学意境。

（2）什么是教师的专业优势？李季主任是这样说的。

经验变优势：富有经验并非你的优势，善于反思才是

资源找优势：拥有资源并非你的优势，善用资源才是

专业显优势：所学专业并非你的优势，巧用当前才是

个性展优势：长相才华并非你的优势，学生喜欢才是

沟通化优势：说教洗脑并非你的优势，耐性倾听才是

（3）接受不完美，错误就是成长。

学校管理，教育对象除了学生，还应该涵盖父母。父母是孩子的第一任老师，有恰当的教育理念才能更好地优化亲子关系，提升教育水平。每个孩子都是独一无二的，每个孩子也都有着各自的优点与缺点，有自己擅长的和不擅长的一面。不过，对于有的父母来说，更喜欢看到孩子的优点而对缺点视而不见，认为自己的孩子是最棒的、完美的。事实上，这并不是完整的爱，也会把孩子推向极端的边缘，唯有接受孩子的不完美，才会有真正沟通交流的基础。

3. 教育教学理论掌握得更为系统

这次培训，授课教师有许多教育、教学和管理领域实力派的专家。我平时很少有机会静下心来读书，来到这里一下子听了那么多课，看了那么多书，使我对教育教学的理论与方法掌握得更加系统，使我感到比原来站得高了，看得远了，有一种"天更蓝、地更绿、水更清"的感觉。如心理学教育的课程，从另外一个角度为我们及时补给了教育心理学的许多理论、方法和工具。"正面教育是一种既不惩罚也不娇纵的管教孩子的方法。孩子只有在一种和善而坚定的气氛中，才能培养出自律、责任感、合作以及自己解决问题的能力，才能学会他们受益终生的社会技能和生活技能，才能取得良好的学业成绩。"

这样的高端培训让我开始反省自己的管理方式和管理理念。好教师也应该是"懒教师"，我们如果没有激发学生的自主学习意识，培养其自我发展的需求，而是过度关注和说教，就容易导致孩子缺乏责任感，从而剥夺了他们通过自己的体验来发展出对自己能力的信念的机会。简·尼尔森告诉我们："孩子的首要目的是追求归属感和价值感。"

收获之二：多元交互呈精彩，寻求突破有方向

本次省百名师培养对象的项目研修，我们享受着精彩纷呈的多样式的场域学习和多模态的交互学习，学识和思想在交流、碰撞中不断提升。既有基于理论的通识学习，也有跨界融合的主题讲座；既有如"提炼教学思想"之类的沙龙研讨，也有唇枪舌剑的辩论和批判；既有导师跟岗的影子学习，也有名校考察和名师寻访；既有静默阅读的自主研修，也有答辩式的专家指导。阅读和思考，形成教学思想的雏形，这是自主学习；为提炼教学思想而开设的人人论坛，师生、生生互相评价，这是合作学习和探究学习。多样化的教学方式和学习方式，激发了大家参与的积极性、主动性和创造性。本次研修，人人论坛的学习模式给我留下了深刻的印象。2017年6月，我有幸将自己暴露于学员教学思想的引产导师和高文班学友们挑剔的关注之下，在批判中成长，在否定中超越。人人论坛使我们在原有理念和知识的基础上，在导师的引领和同伴的质疑中抽丝剥茧，深入本质探索规律，上升一个思想的高度。专家与同伴们的实时互动，精辟点评，启迪我对教学思想的思考，对个人教学风格的凝练和提升。没有经过挑剔的目光审视、没有被人品评过的教师是没有得到机会的教师；而经过了这样的挑剔审视、被人品评却没有反思的教师则是放逐机会的愚人。

经过此次培训，我不仅在思想上接受洗礼，理论上得到升华，教学技能得到一定提高，而且更深刻地意识到激情和创新是成就一个人走向成功的必要因素。古人云："道正则术多。"教育的理论、方法、形势日新月异，只有不断学习，不断更新，才能使自己的方法和策略不断达到最优化。

收获之三：反复求证寻自我，笃行凝练成风格

在本次研修中，我凝练出个人的教学风格。我在探索中发现，英语课堂教学借助"留白"，可以激发学生的求知欲，可以让学生通过知识的自我构建来积累语言知识和培养技能，可以启迪学生的思维使其感悟语言，可以培养学生的想象力，丰富学生的情感和对世界文化的认识。英语课堂教学适当"留白"，让学生有所思考，有所探索，有所创造，形成一种语言教学所特有的韵味和幽远的意境。"留白"即是一种机智的教学策略。我逐步形成"留白"的教学风格和策略。我在"留白"教学风格的形成中提出了"三自""三还"

"三留"。"三自",即"自然开始—自在建构—自如应用";"三还",即"把讲的权利交还给学生,把问的机会交还给学生,把评的自由交还给学生";"三留",即"保留学生自主学习和展示交流的时间,保留思维、语言、活动的进展,保留自行解决问题的空间"。

(二) 感悟

感悟一:悟道、修德、笃行是教师专业素养的完善之道

华南师范大学政治与行政学院魏则胜副院长为我们做了题为"什么是教育之道"的专题讲座。首先,魏院长从中国传统文化的精髓出发,阐述了中国传统文化是三家文化的融合。道家文化的核心是"天道",法道自然;儒家文化的核心是"人道",如何做人,人与心应一致;佛家文化的核心是"心道",佛法治心,寻求得道与精神灵魂的解脱。其结论是大道相通,中国传统文化的精髓是道文化。其次,魏院长认为社会治理的基本原则是道治。德治是指仁义道德、自悟修养;法治是指遵纪守法、依法作为;而道治包括客观之道、主观之道,应走人间正道、规避邪道。只有行为动机正当、行为目标正当、行为方法正当、行为结果正当,才能走正道,正道是社会良性运行的基础。再次,魏院长阐述了教育之道就是遵循教育规律,遵循教育正道,包括教育动机、教育目标、教育方法(自我教育和强迫教育)、教育结果。我们现在的应试教育在这四个方面都存在一定的问题,解决的关键在于回归教育的本真。教师要提高自身素养,第一要务是悟出正道,即天道、人道、心道,懂得人间正道;第二要务是修德、修身、养性,提高自身的核心素养和综合能力,存善心,行善举,做善人;第三要务是笃行,贵在坚持,做到知行合一、博学强术。

通过魏院长的讲座,我收获三点重要的心得体会,对我个人的专业成长和工作有较大的触动。一是要勤于读书、善于思考,自觉提高自己的思想境界,以人间正道作为自己工作和生活的指针;二是要继续引导所属学校的办学理念,绝对不能从短期的功利主义出发,而应该遵循教育正道,反对"唯分数论",把培养孩子终身发展所需的核心素养作为办学的根本指针;三是自身的博学强术远远做得不够,没有持之以恒的决心,纵然动机与目标再好,若没有积累,距离真正的名师还是有很大差距。

感悟二：教育研究在于思研写，做到知行合一

华南师范大学基础教育研究院的左璜老师为我们做了题为"教育研究论文的选题与写作"的专题讲座，针对性和实操性强，而且很接地气。左璜老师年纪轻轻，已经是硕士生导师，很有成就，是我学习的榜样。她分别从为什么写、怎么写好、怎么发表三个层面进行讲解，通过听取她的讲座，我有以下心得体会：一是为什么写？我们写论文往往是基于功利主义的需要，为完成某项工作任务或者为了评职称与考核的主观需求，很少能从为了放大自己的人生价值和生命意义的高度来认识写论文的动机所在。张东荪先生曾说："我们来到这个世界，就如在宇宙的无边黑暗里，点燃了一盏油灯；我们活着，就是用这灯火去照亮尘世的黑暗。我们照亮的范围越大，我们生命的意义和价值就越大；我们照亮的范围越小，我们生命的意义和价值就越小。"有学者针对当前中小学教师科研论文写作动机进行了问卷调查，实证解析的结果显示，当前中小学教师的论文写作现状不容乐观，不仅需要提高教师自身写论文的欲望，还应激发与带动教师群体的科研意识与论文写作。二是如何写好？左老师分别从选题、题目提炼、文章组织与写作、论文修改四个方面结合具体案例为我们做了详细的指导。而我最欠缺的就是题目提炼和论文修改两个环节。围绕如何选题左老师给出四个角度：①联系自己日常教育教学中的问题；②积极学习各种教育教学理论；③关注教育改革的热点和前沿；④大胆尝试整合、分解等多元创新。其中，"如何做到材料新"包括：新的实践案例，新的数据资料，新的文献资料（最新文献）。"如何做到观点新"包括：新的思维方式，敢于打破常规进行创新思维是关键；新的哲学理念，养成勤于读书学习的习惯是基础；新的实践启发，提出可操作性强、具有推广应用价值的观点是目的。左老师介绍的"紧跟国内外研究前沿"和她长期坚持查阅文献的习惯很值得我们学习借鉴。三是如何发表论文？应了解期刊、选择期刊和模仿写作。了解期刊，才能使稿件更加符合期刊的要求；模仿写作，才能更好地了解主编的意图与格式要求。论文写作贵在坚持，必须做到知行合一，勤于动笔写，才能有成果，只想不做永远只能止步于想的层面，不可能提炼出什么成果。

感悟三:"临帖、立帖、破帖"是凝练教学思想的有效途径

本次培训中,推荐学员展示自己的课题研究与教育思想的做法,很值得借鉴。对此,我有三点触动:一是在各种学习培训过程中应善于思考,注意观察细节,体现"处处留心皆学问",围绕主题,聚焦探寻。二是针对问题践行科研,通过分享,真正进行课题研究,围绕教学工作的真问题,懂得科研的基本方法,在科研过程中促进专业成长。三是提炼梳理,形成具有自己特色思想理念的逻辑体系。一位学员展示的自身思想凝练效果非常好,比较成熟,逻辑思路清晰,让人耳目一新。大家的读书习惯和读书心得让我认识到个人成长的短板。我要向这次展示分享的几位学员学习,争取早日拿出自己的科研成果和论文,最关键的是真正沉下心来,严格约束自己,按照培训目标和计划扎扎实实地做。

(三)启发

不想当将军的士兵不是好士兵。做教师也是如此,我们都希望成为教师队伍里的佼佼者。在这里,我们是准名师,是名师的培养对象,是未来的名师。那么,如何才能成为名师?

启发一:拓展教育的时空维度看教育

1. 打破空间的边界

(1)跳出教育看教育。即用跨界融合的思维看教育,大世界大眼光,多角度多视野,这既是思维模式也是生活态度。各领域的高精尖人才大都是全才、通才,懂得了单一领域的精髓后,还要懂得如何打破各个领域之间的壁垒,以达到更高一级的境界,也就是"诗中有画,画中有诗"的层次。大道至简,看似风马牛不相及的两个领域,实则内核殊途同归。

(2)跳出国度看教育。打破空间的边界,除了专业领域还有国度,从发达国家的教育、世界的教育看中国的教育,从西方的教育看东方的教育再看中国的教育,有了这样一个宏观的视野看到的问题就不一样,接收的信息就不一样,这是国内教育家和大学教授的思维角度。若能窥斑见豹,则可以成为大家或教授级人物。

(3)跳出学科看教育。我在1995年于四川大学毕业,学的是非师范专业,是天河区面向全国综合性重点大学引进的首批毕业生。虽然我教学上手有一个过程，但后劲比较强，正是得益于四年综合性大学的通识教育积淀。作为文科生，我喜欢科技、医学、量子物理等，我曾指导学生参加广东省、广州市科技创新大赛获得一等奖。作为英语专业毕业生，我喜欢数学、地理、绘画、舞蹈等。作为女生，我喜欢足球、拳击、军事，爱看战争片和科幻片。可能就是因为跨界的兴趣和爱好，让我对教育有了更多更丰富的理解。

2. 打破时间的边界

跳出当下看教育。我们的教育实践既要针对教育现状，也要跳出现实的拘囿，从过去和未来的角度看教育。我们常提，教育不忘初心，遵循教育之道。道的原始涵义指道路、坦途，以后逐渐发展为道理，用以表达事物的规律性。道，即规律。教育的基本规律是不受时空限制的。

（1）从过去的角度看教育。就是要了解教育发展的历程，从教育的发展史看教育。原因很简单，历史的事件不会重演，但历史的规律会不断重现。我们可以读史明鉴，借史鉴今。比如，民国时期的教育，不仅大师辈出，而且位居世界前列，这就很值得我们今天借鉴和学习。

（2）从未来的角度看教育。就是要前瞻性地看教育。邓小平同志提出"教育要面向现代化，面向世界，面向未来"。教育是一项面向未来的事业，作为教师，我们应该拷问自己：如果一味用过去的知识教现在的学生，如何使他们适应未来的生活？我们不能指望学生凭一张过时的旧船票登上明日的客船。1919年4月30日，约翰·杜威（John Dewey）从纽约抵达上海，开始为期两年的访华之旅。这位著名的哲学家、教育家影响了20世纪的世界教育，也对中国教育影响深远。杜威窥见了未来教育的模样，并且对当时的教育提出了积极的建议，杜威对于当时教育现状的批评至今仍然有极强的现实意义。行业的精英不该是潮流的追随者，而应是时代的弄潮儿。我们应该像杜威那样前瞻性地看教育和做教育。方向比努力更重要。教育实践既要针对教育现状，也要看清未来发展的方向。

（3）从系统的角度看教育。打破时间的边界看教育的第三层涵义是，跳出学段看教育，从系统的角度看教育。目前，我们的学段教育在有些地方存在互相推诿的现象。有的初中教育做不好，初中老师说因为小学老师教得差，学生的基础没打好；有的高中老师说学生难教，因为初中老师不会培养孩子的自主学习能力；大学教育不能满足社会的期待，有的高校老师说是因为高中教育过于应试，孩子没有发展能力。但真正的核心问题在于，各学段的教师能否站在系统的角度看现在的学段，能否从最后社会对人才培养的规格需求来确定学段教育的定位和价值。

教初中，就要站在小学、高中甚至大学的角度看初中教育。每个学段的教育，孩子的身心发展各有其阶段性和特殊性，但都是教育系统的一个阶段和分支。我们应学会用系统论的观点看问题，培养用系统的思维看教育。用系统论的观点看，系统的整体功能绝非是各部分或各要素功能的叠加，对现在好的未必就是对将来好的。因为，事物具有复杂性，任何系统都不是孤立存在的，会与其他系统发生关系、共生共存。各部分各要素所发挥的，不一定都是"正能量"，不一定都能与其他部分或要素"协调一致"，简单的线性思维是没法理解系统整体功能的。

启发二：多样式的场域学习，多模态的交互学习

多模态是生物学和计算机学的术语，也应用在教育学，如现在提出了"多模态的深度学习"这一学术概念，用英语表达是 multimodal deep learning。多模态理论实质上指的是人类通过感官跟外部环境之间的互动方式。应用在语言学习中，它指的是除了语言之外，图像、颜色、字体、音乐、舞蹈、手势、姿态等非语言符号与语言共同生成意义，即多模态话语。多模态教学所倡导的是，在教学过程中，教师通过多种模态的同时刺激，调动学生的多种感官协同运作，以便强化记忆，提高教学效率。

总而言之，无论是时空的维度还是多样式和多模态的维度，其本质是改变教师的思维模式，拓宽其看问题的深度、高度和宽度，进而发现不一样的教育，也更能触及教育的本质。

启发三：学思结合，知行合一

所有的培训都是宝贵的经历，跳脱繁琐的日常工作出来学习，我们往往是看到很触动，回去很心动，但过几天就一动也不动。正如一句英文谚语所说："It is easier said than done."想要改变，想要提升，还需要学思结合，知行合一。纸上得来终觉浅，绝知此事要躬行。我们是学习者，也应该成为教育教学岗位上的微改革者，学以致用，让我们的学习更深化、更有效。

研修的日子里我们思考着，成长着，收获着，快乐着！研修即将结束了，满心都是深深的不舍，舍不得和蔼可亲的老师，舍不得朝夕相处的同学，舍不得……然纵有千般留恋万般不舍，我们终要分手，只能在心灵一隅，在三尺讲台，在每一寸教育的土地把名师培训的美好回忆珍藏！

沉潜涵泳，收获成长。未来我将把此次培训的所学、所思、所感延续到工作中，并使之成为我今后工作中源源不竭的动力。"理想犹如天上的星星，我们犹如水手，虽不能达到天上，但是我们的航程可凭借它指引。"我期盼着，未来的优质教育行列里，有你，有我，我们一起携手同行。

广州市天河外国语学校　陈迪
2019年5月

省百跟岗小结

蓬生麻中，不扶自直

——广东省新一轮百千万名师培养对象英语工作坊跟岗学习小结

　　　　理论导师：常新萍　　实践导师：崔雅儒

　　　　学员：高中文科班英语学科陈迪

　　　　地点：北京师范大学（珠海）附属高级中学

　　　　时间：2015年12月12日—19日

2015年12月12日至19日，作为广东省新一轮百千万名师培养对象，我有幸来到珠海，跟随理论导师常新萍教授和实践导师崔雅儒特级教师进行学习。

广东省崔雅儒名师工作室，是个能够点燃心中理想烈火的地方，是个能够激发创意思维的地方，是个汇集了广东省志同道合的教育工作者的地方，是个能够让人感恩快乐的地方，是个能够让人一辈子记挂的地方。在珠海跟岗学习期间，有路途的疲倦，有思考的困惑，有没上好课的失落，但更多的是顿悟的激动、分享的快乐、学成的幸福和感恩……这次学习尽管只有短暂的一周，却是我人生中最美好的学习经历，将在我内心留下深深的烙印；这次学习是我人生的重要转折点，我再次被点燃了教育的激情，明确了前进的方向；这次学习令我感到在做教育的路上并不孤单，因为结识了一批优秀的教育工作者，从陌生到熟悉，从理念到教学，从个体到团队，一步一个脚印走着，互帮互助，共同进步。

我的学习感悟可以总结为三点。

（一）"真学"是积淀

广东省名师工作室主持人、特级教师崔雅儒为本次跟岗学习活动做了周密的部署，从联系学员到安排住宿，从工作室管理制度的制定到每天的活动安排，事无巨细，考虑周密。她充分展示了特级教师的做事魄力、人格魅力和区域的号召力，协调各方面资源为学员们和工作室的老师搭建学习和交流的平台，实现交流中学习，学习中成长，达成了跟岗骨干教师与工作室老师，以及珠海市、中山市的英语教师们多赢的目的。在为期7天的跟岗学习中，四位学员老师与主持人、工作室人员一同备课、上课、评课，一同开展课题研究，建立和完善个人博客。每人听评课8节以上，上课1节；每人写1篇教学反思和2篇读书笔记；撰写《跟岗学习日志》；听外籍教授的专场报告；等等。本次跟岗学习的内容安排充实，详见下表：

时间	活动安排	活动地点
12月13日 （周日） 下午2：30-5：00	学员报到	酒店
12月14日 （周一） 上午8：00-12：00	工作室报到； 与徐佩琴副校长交流； 聆听常教授的关于第二语言习得的介绍； 崔老师介绍工作室的活动安排。	北京师范大学（珠海）附属高级中学崔雅儒名师工作室

续 表

时间	活动安排	活动地点
12月14日 （周一） 下午2：00-5：00	广东省新一轮百千万名师培养对象跟岗学习开班仪式： 英语教研组长高春梅老师发言； 学员代表揭振东老师发言； 珠海市英语教研员惠老师发言； 北师大附中邹主任发言； 中山大学常教授发言； 交流分享。	北京师范大学（珠海）附属高级中学 会议室
12月15日 （周二） 上午8：00-12：00	中山一中听课： 高二24班英语课； 高一16班英语课； 会议室评课交流。	中山一中
12月15日 （周二） 下午2：00-5：00	中山市桂山中学观摩交流。	中山市桂山中学
12月16日 （周三） 上午8：00-12：00	北师外教讲座； 观看李俊和老师讲座录像； 观看雷蕾和陈璇老师课例。	北京师范大学（珠海）附属高级中学
12月16日 （周三） 下午2：00-5：00	珠海市实验中学听课： 高中英语词汇课； 交流点评课。	珠海市实验中学
12月17日 （周四） 上午8：00-12：00	听附中外语组江雪、齐思贤老师的课； 研讨点评课。	北京师范大学（珠海）附属高级中学
12月17日 （周四） 下午2：00-5：00	听珠海斗门中学邝德光老师的课； 听珠海市实验中学孙凯老师的课； 评课交流。	北京师范大学（珠海）附属高级中学
12月18日 （周五） 上午8：00-12：00	工作室的学员展示课： 揭振东 李细娟 高春梅 陈迪 常新萍教授点评课	北京师范大学（珠海）附属高级中学

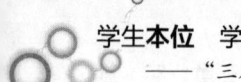

续表

时间	活动安排	活动地点
12月18日 （周五） 下午2：00-5：00	结束学习仪式： 赠送纪念品； 跟岗总结。	北京师范大学（珠海）附属高级中学

曾忆起，那热情洋溢和富有个性的开班仪式使我深刻了解本次跟岗学习的必要性和现实意义。

曾忆起，整整一周的听评课和研修学习，众多优秀的专家、教授、同行分别从教师的价值、教师的专业发展、英语教学、课堂管理等方面为我们进行了培训。

曾忆起，那痛并快乐着的日子：白天培训学习，晚上研讨交流，还要完成学校的繁杂琐碎的工作。我忙碌着、充实着、幸福着、快乐着。专家、教授、同行们的分享和交流，如同一份份的精神大餐纷至沓来，让我经历了一次次头脑的风暴、一场场心灵的启迪、一次次情感的升华。

曾忆起，那各抒己见、畅所欲言、据理力争的专题研讨。

曾忆起，那许许多多的高素质教师，用他们的优秀为我拓展了视野，震撼了我的心灵。

确切地说，这次跟岗学习，成为我教育生涯的又一加油站。高强度的听评课交流，让我体会到"只有真学，才能真懂、真信和真用"，务实求真才能有最大的提升！

（二）"学真"是方向

当今的中国教育，蓬勃发展中也存在一些亟待解决的乱象。例如，用花哨的形式装扮贫弱的内容，急功近利的喧嚣，浮躁的学术研究，盲目的崇洋之风，等等。这些问题不仅影响着人的思想认识、情感取向、价值定位，也影响着教育改革的方向。

本次跟岗学习活动，犹如透过教育的乱象，为教育工作者在喧嚣中寻找到一条宁静的捷径。通过接受理论导师、实践导师的谆谆教诲，参与多次切实的教育教学实践，我深刻领悟到，应摒弃浮华，还教育一份本真。

我的理论导师，中山大学的常新萍教授，在培训中曾说过许多"金句"。"Learning is the learner's responsibility, not the teacher's.""Learning does not take place unless the students pay attention to it.""Teacher should be a facilitator.""Teaching is a piece of art, not just a kind of skill.""心里要装着学生。"她的话语让我很受启发，最大的感受就是一个字——真。待人处世要真，用真情待学生；做学问要真，用真心捍卫常识。回归教育的本真，做真学问，这是我的教育追求。

我的实践导师，广东省名师工作室主持人、广东省特级教师崔雅儒，是许多教育工作者心中的榜样。从她身上我学到了：如何不计个人得失，兢兢业业地为教育付出；如何搭建平台创造机会，把教研组打造成为一个团结协作、拼搏进取、富有朝气、富有才气的团队；如何因地制宜，因势利导，促进年轻教师的成长；如何享受教育教学的艺术，让生活充满情趣……

（三）"学成"有收获

与专家教授的交流，如沐春风，开阔思维。我感悟到，想要成为名师，首先要上好课，形成自己独特的教学风格，其次应该静下心来多读书，要让读书成为习惯。读书还要取法乎上，要读一流作者的书，因为不读大师的书，就无法站在教育的最高点。再者，交高人。和平庸的人在一起你会更平凡，和大师、名师在一起你会更智慧。一个人能走多远，要看他和谁一块同行。本次省百千万名师培养对象研修班的学习过程中，有名家名师一路相伴，我充满了信心和希望。

弹指一挥间，一周的跟岗学习画上了句号，我特别感谢两位导师对我悉心的教诲和手把手的指导，感谢学员们对我的关心和帮助，所谓"蓬生麻中，不扶自直"，和优秀的人在一起才能让自己变得更优秀。我会一如既往地努力，让优秀成为一种习惯！

2015年12月19日

省百学习日志

课堂提问的技巧

（一）明确目的

提问，或是调动学生思维，或是检查教学效果，或是引导学生突破难点，或是引起学生注意，或是提高学生的表达能力，教师必须事先心中有明确的目的，不得随心所欲，随意发问。

（二）围绕中心

提问不能盲目，一定要有目的，这些目的要围绕一个中心，都要为完成该节课的教学目标服务，使学生掌握知识提高能力，提问要具有针对性。

（三）言简意赅

提问语句尽量简短，让学生明白问的是什么。避免提那些似是而非、模棱两可、冗长啰嗦或容易引起学生误解的问题。

（四）富有趣味

有趣味的东西容易引起学生注意，激发学生思维，对所提的每个问题教师要精心设计，语言精练，富有趣味。在低年级课堂提问时更应如此。

（五）启发思维

课堂上，学生的思维往往是从问题开始的。课堂教学中，什么时候提问，先提哪个，后提哪个，都应遵循一条原则，即有利于调动学生的思维。

教研组建设普遍存在的问题

（一）教研时空上不能得到保证，教研组形同虚设

由于大多数学校按年级办公，教研组活动在时间和空间上不能得到有效保证；即便是中心教研组集中教研，每次各年段的教师集合时间已占去一大部分的教研时间。此外，教研活动时间有限，教研内容多是流于形式，内容单调，缺乏对具体问题的深入研究与探讨，实效性不高。

（二）制度不健全，管理不到位

当前，教研组虽有工作计划，但缺乏制度的保障，或者缺乏具体落实措施，如科学合理的评价与奖励机制等。零碎的工作和应急工作过多，使得很多工作往往直接由学校这一层段组织布置、实施，而教研组形同虚设。

（三）教师专业成长意识淡薄，参与不到位

其一，由于学校管理的中心以"质量"为上，教学质量成为悬在教师头上的一把剑，相当部分教师面对大班化条件下的"上课、批改作业、辅导学生"，被压得喘不过气来，自身的专业成长搁置一旁，教研活动反而成为他们的负担；其二，一部分教师没能把教学与研究有机结合起来，只是想当然的按照"考什么、教什么"的思路，很少有意识地去反思自己的教学思想与行为，教研热情不高，主动性不强。

这些现象和问题的存在使得学校的教研活动未能真正成为教师继续学习与进行科研的重要基地，教研组在学校管理和发展中的地位与作用得不到充分发挥，教师的专业成长更无从谈起。

如何建设高效、团结、向上的教研组？

（一）让教研组成为"学习之家"

教研组应当成为教师最基本的、现实的、主要的学习型组织。在这个组织里，每个教师秉持专业成长的意愿，围绕共同的目标营造出一种开拓进取、勤奋学习、民主开放、合作共享的教研环境和氛围，使之成为一个能不断从中汲取智慧和力量，感受相互支持、相互激励的温暖而舒适的场所，一个温馨的"大家庭"。

（二）让制度成为"习惯"

"无规矩不成方圆"，教研组的建设，要以发展为目标，努力创造适应学生、教师发展的空间，同时需要制度的保障。通过教研制度规范教师的教学、教研的意识和行为，实施教研制度下的有效管理，吸引教师把精力集中到教育科研和教学上来，然后让教研组进入"我要听课""我要研课""我要学习""我要研究"等的良好局面与良性循环状态。教研活动就不再是教师教学工作的一种负担，而是提高教学质量、促进学生全面发展的一个捷径，是教师成长的一条通道。那么，怎样才能顺利实现从制度到习惯这一转换呢？

（1）把教研活动中富有成效的工作方法提升为可操作的制度。

（2）形成定性和定量结合的评估办法。每次教研活动都要按照事先安排的学习任务收集相关材料并交流自己近阶段的实验心得（至少一篇）。意在促使教师根据自己的班级实际，充分地解析教材、利用各种可用资源组织教学，并及时分析教学的收获与不足。

（3）实施教研组的捆绑式评价。学校在建立教师教学常规工作评价机制的同时，应为教研组的评价保留一份独立性——变教师的个体评价为教研组的整体捆绑式评价，设立先进教研组、优秀课题组等表彰制度。

（三）让理念化为"行动"

教研组应重视开展集体备课、行动研究和案例研究三方面活动。

二语习得理论

第二语言习得：Second Language Acquisition / SLA应用语言学的一个重要分支学科，主要研究人们学习第二语言的过程和结果，其目的是对语言学习者的语言能力和交际能力进行客观描述和科学解释。

二语习得基本理论-二语悉得的主要倡导人克拉申认为：简单来说，语言的掌握，无论是第一语言还是第二语言，都是在"可理解的"真实语句发生（即我们前面探讨的有效的声音，也就是可以懂意思的外语）下实现的；都是在放松的不反感的条件下接受的；它不需要"有意识地"学习，训练和使用语法知识；它不能一夜速成，开始时会比较慢，说的能力比听的能力实现得晚。所以最好的方法就是针对以上语言实现的特点来设计。

1. 输入假设（The Input Hypothesis）

输入假设也是克拉申第二语言悉得理论的核心部分。只有当悉得者接触到"可理解的语言输入"（comprehensible input），即略高于他现有语言技能水平的第二语言输入，而他又能把注意力集中于对意义的理解而不是对形式的理解时，才能产生悉得。如果你的现有水平为"i"，那么就要给你提供"i+1"水平的输入。这种"i+1"的输入并不需要人们故意地去提供，只要悉得者能有足够的理解输入时，就自动地提供了。克拉申认为，理解输入语言的编码信息是语言悉得的必要条件，不可理解的（incomprehensible）输入只是一种噪音。按照输入假设，说话的流利程度是自然达到的，是不能直接教会的。

对输入假设的理解关键点就是comprehensible input "i＋1"。+1就是在自己现有水平上加

续表

了"一点点"难度。换句话说，我们正是因为有了这一点点难度才提高的。其实大家寻找的答案，最主要的出处就在这一条上。我们之前对一系列误区的分析，很多都能从这一假设中找到依据。我们今后掌握的最重要的技术就是不断自己创造这一条件。稍后我们详细说明。

Learning is the learner's responsibility. Learning does not take place until the learners pay attention to it.

What is cherished endures as much as Chinese students appreciate their foreign teachers, they should not forget that responsibility for learning comes from within, not from without. The teacher cannot "give" someone English. No one can "get" English from a teacher or from a book like one can get a cold. Responsibility for learning can only come from the learner, when he or she freely chooses to own the quality of his or her learning experience, versus relying on borrowed knowledge from experts.

2.可理解输出 Comprehensible Output

后来语言学家又发现如果仅有输入条件而缺乏输出体系，学生就会听得懂但说的能力差。广东话中有一句："识听不识讲。"说的就是这一现象。于是斯韦恩（Swain）在1985年提出了"可理解输出理论"，即在输出时尝试做一些高出他们目前水平的练习。因为输出的过程可以促使学生积极寻找合适的形式来表达他们所要表达的意思，当他们碰到一些不知该如何表达其意思的困难时，就会去努力尝试，在这个过程中他们可以自己尝试总结一些新的规则，从对方的反馈中总结经验，最终形成比较稳固的体系。

前面这些讨论，一直是在学习语言方法的"战略"层面。大家最容易忽略"战略"而急着进入"战术"层。而战术上的偏差和错误可以弥补和纠正，战略上的失误会导致全盘皆输。下面这句话是美国西点军校学员必须背诵的："Every Battle Is Won or Lost Before It Is Ever Fought."大家仔细看一下，可以感到自豪了。这是中国古代军事战略家孙子的名言。有了"二语习得"的理论结构，就可以制定战术了。聪明的同学这时已经自己独立做了，下面我帮大家搭个架子，并讲一些以往的经验和观察，大家可以共同探讨。对于学习者来说，可以按照制定出的战术具体实践，对于教学者而言，要根据正确的理念设计课程和教学模式。我们先谈学习者的战术制定。

高频效应理论 high frequency theory 超过六次的重复会适得其反。

两位导师既高瞻远瞩，又切合实际地对我们进行了指导，收获颇丰。反思如下：

①作为名师，应该积极参与教研组或是区域工作室的建设。教研组是教学实践的共同体，教学研究的合作群体，发挥团队的力量是教研组核心精神的体现。作为名师培养对象，应该整合各方面的平台和资源，发挥自身的辐射力和影响力，让更大的区域更多的老师受惠。

②好的教师应该是好的管理者。教师是多角色的行为者，应学会处理好协调好各种关系，给学生提供不仅是学业，还应该包括心理、情绪、学术和行为上的引导，改善他们的学习方式，帮助他们树立学习目标，掌握学习技巧。

从管理角色方面讲：

a.人际角色：老师在教室中就可以算是领导者，这样就是代表人角色，他可以直接为学生以及这节课上的好坏所负责，所以扮演领导者角色；同时老师和学生之间必须有联系、有沟通，这样才可以达到教学的目的，所以也是联络角色。 b.信息角色：首先教师起一种监督的角色，他能通过监督学生和外界环境来获取更多的信息，以及能发现如何以最好的方式去教学，给学生传授知识。说起上课，老师当然会把自己的知识在课堂上传授给学生，在传授的过程中老师就要口述很多知识，这样老师就同时起着传播者的角色和发言人的角色。 c.决策角色：老师在课堂上会提出很多学生关注的问题，让学生来回答，同时他会引导学生们向正确的方向前进，把同学们的一些不正确的思想加以纠正，并且推断出比较完美的答案，来让同学们理解。 ③生活化的语言，让学生不产生距离感。 ④Teaching is a piece of art, not a skill. It shall be creative and interesting.教师是一种专业性很强的职业，教学需要有很深的专业知识功底，因此，教学自然是一门技术。而整个教学过程的设计和安排，需要智慧，整节课就是一场在教师指导下，学生进行的演出，所以说，教学是一门艺术。 a.老师应好学，会学，研学。 b.培养学生academic English的阅读能力。 c.语言交流才能存在，交流中理解为先，利用学生天性中的好奇心和想上好学校的内驱力。

2019年广州市天河区中小学校长高研班作业（教育日志）

天河区校长高研班作业——关于教育日志的思考（一）

2019年2月19日

参加高研班之初我是比较抗拒教育日志的，感觉形式化、任务重，占用了自己业余时间。在为完成学业硬着头皮跟下去的过程中，我慢慢从抗拒到习惯再到喜欢，进入了良性循环的轨道。原因有三：

（1）就像别人说的，装着装着就成真了，从被动到主动，最后你发现自己装出了自信，装到你发现真的可以。五十年前，有个心理学家做了项有趣的实验，比试完成一份极为枯燥乏味的工作，比试分成A、B、C三组，工作做完后，其中A组会受到低奖赏，B组受重奖，C组无奖赏。除此以外，A组还要认真地向别人说这项工作多么有趣。结果A组（低奖赏的组）比其余两组都更喜欢这项工作。实验结果向我们说明了这样一个事实：热情和兴趣是可以培养的。只要你真正调动你的感官，努力在工作中寻找乐趣，你就会慢慢地接受它，爱上它。另外，就像别人说的，逼着逼着就上路了，成长的路上需要我们逼自己一把，走出自己的舒适区才会进步、才会成长。我相信很多人在自己成长的历程中都有过逼自己一下的时候，因为"不逼自己，永远不知道自己有多么强大"。

（2）在push自己前行的时候，我们首先要明晰自己是"不敢做"还是"不愿做"。你要先问自己"想不想做"，而不是"敢不敢做"。如果这件事你有所图，那你才有逼自己的动力。我选择参加这个培训，纯粹是出于学习的兴趣和能更好地服务行政岗位。就像作家选择写书，同样是出于兴趣，他们享受美妙的文字从手里流出并被人读到的感觉。或者，你的选择符合你的价值观。我的一个朋友选择逼自己减肥，每天健身房锻炼，长跑，节食，原因是之前他上电视时发现自己的"大饼脸"不好看，他认为美感是很重要的价值；我的另一个朋友选择逼自己戒掉网游，是因为他有了孩子，他认为家庭中做一个父亲的责任比网游更有价值。因此，你逼自己的事情首先是你想做的，或者背后有你想要的。这是"自己逼自己"。其次，要思考自己有无"够一够"的能力。关于教育日志的专项任务，我特别欣赏没有对字数的限制，这就没有设置过高门槛，让大家能根据当天的实际情况跳一跳够得着。当你评估了以上两个问题后确定：我想做；我也觉得努力一下可以达到。剩下就是，你如何更好地规划时间，让自己达成目标。

（3）习惯在于坚持，坚持才能形成习惯。比如拖延症，有时候我们很想坚持做一件事情，可是总会被自己用各种理由搪塞过去，或者不自觉地麻痹自己，让自己无法静下心来很好地坚持下去。如果你做一件事情，需要靠不断调动自己的意志才能够做成的话，那么我建议你还是不要做了，因为你早晚都会放弃这件事，当你在调动自己动力的时候，你已经在消耗自己进行这项任务的能量了，所以说，请不要做一件自己很难坚持下去的事情。那么，我们是不是不能做好自己不愿意的事情呢？非也！想要完全坚持一件事，不是靠你的意志多么强大、动力多么充足，需要的是你的习惯。习惯会将你迅速地进行场景带入，将你带到这件事情的环境中，而且是顺其自然、自然而然地变成一件容易坚持的事情。所以，以后坚持一件事情，你不需要大张旗鼓、满腔热血地打卡说自己坚持了多久，有多厉害，而是形成一种习惯。当别人说："你怎么这么厉害，能够坚持早起？"你可以云淡风轻地说："啊，我习惯了。"当别人说："你怎么这么厉害，能够坚持写教育日志？"你可以云淡风轻地说："啊，我习惯了。"

天河区校长高研班作业——关于教育日志的思考（二）

2019年2月19日

微专题、微思考、微行动，见微知著。

微专题最初是源自教学内容的一个专业名词，是指围绕一两个紧密相关的知识或思想方法而形成的一个专项研究。相对于大专题，"微专题"还可以理解为针对某个特定目标，结合学情设计的能够在短时间内专门解决的问题集，它具有时效性、针对性、灵活性、细致性等特点。

开始微专题的微思考，及时记录自己感触较深或有感而发的瞬间思维火花，"行-思-写-行"形成良性闭环，见微知著。《韩非子·说林上》："圣人见微以知著，见端以知末，故见象箸而怖，知天下不足也。"汉代班固《白虎通·情性》："智者，知也。独见前闻，不惑于事，见微知著者也。"见微知著，意指看到微小的苗头，就知道可能会发生显著的变化。比喻小中见大、以小见大。我们在日常工作中，如果能善于观察，善于分析，学会见微知著，就能把问题解决在萌芽状态。

天河区校长高研班作业——关于小组合作学习内涵的思考

2019年4月18日

今天的学习，收获满满，不同的专家、同学从不同的角度围绕同一主题深入探讨，激荡了思维，迸发智慧，可见学习方式的组织对学习成效的影响还是比较明显的。这让我回归对形式和内容辩证关系的思考。内容决定形式，形式为内容服务，两者相互依存又对立统一。面对基础教育课堂教学的困境，吴颖民校长提出了小组合作学习的破解方式，并赋予了小组合作学习在新课改背景下的新内涵，形式与内容的关系给我很大的启发。

基于新课改背景下小组合作学习的内涵是什么呢？

（1）面临问题。新课程背景下，倡导学生的自主、合作、探究学习，为了体现这一教学理念，在课堂教学中会经常组织多次的分组讨论，这实现了学生合作探究的目的，可以激发学生的主动性，增强学生的参与意识，有利于培养学生的合作精神和竞争意识，发展交往能力。但教师在组织运用时往往偏重于形式，没有理解其深刻的内涵，致使合作学习低效而形式化。

（2）解决措施。吴校长重新定义小组合作学习的内涵，并提出几个关键词，可以作为我们实施有效合作学习的保障措施。

① 独立思考。合作交流的目的是让每个学生的大脑和手都动起来，弥补教师无法应对众多存在差异的学生的不足，促进学生形成主动学习的愿望和积极参与的意识，成为真正的学习主体。合作交流要建立在独立思考的基础之上。没有独立思考，就不可能提出问题。独立思考是合作学习的前提。待学生在默读静思中理清了思路，组织了语言，有了自己的想法后再和同伴探究、交流、讨论，这样才能形成符合实际的有效的合作学习，才能促使学生的思维走向深入，得到提升。

② 批判性思维。现在的教育越来越重视批判性思维，如何帮助孩子培养这一重要技能？思维的批判性可以通过对思维过程的监控实现，首先鼓励孩子敢于质疑，其次在思维中不断验证和假设，修正方案从而解决问题。老师要鼓励孩子敢于展示不同答案，发表不同见解。课堂中要适当导入开放性内容，鼓励孩子突破思维定势，从多角度多方面对事物进行分析、评价、探讨。

③ 常态反思。曼哈顿雷曼预科学校初中部的负责人雷切尔·格里芬曾说："反思成功和失败是培养批判性思维能力的重要组成部分。"的确，反思是培养批判思维和自我成长的重要途径和方式，师生需要共同反思。师生的发展和成长不仅要积累经验，更重要的是反思经验和更新经验。如果说，读书启迪智慧，实践感悟智慧，反思则升华智慧。无论如何，帮助孩子拥有反思思维，结合一些挫折情景，教师可以给予指导，但学生也仍旧可以有自己的想法。之后可以问问学生做了些什么事情，以及不该做什么事情，这样在学校或

者面临困境的时候就可以更为自然地进行应对。

天河区校长高研班作业——关于天外STEM课程的思考

2019年5月13日

今天邀请了华师的李克东教授、张新华教授与stem项目组进行交流并给予指导，收获匪浅。天外Stem课程设置需要满足三个特质：基于真实的问题，学科融合，项目式学习。强调在教育过程中引导学生运用科学、技术、工程、数学等相互关联的知识解决实际问题，从跨学科知识应用的角度提高学生解决实际问题的能力。

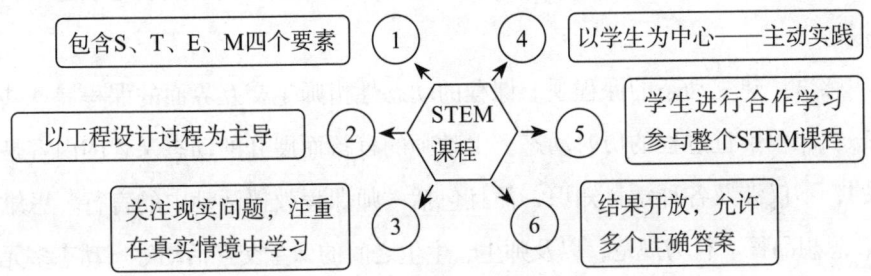

STEM课程的六大核心理念

将工程思想和实践引入科学（数物化生）课程，基于国家基础学科课程、年级走班选课拓展课程（初中综合实践活动课和高中研究性学习）、社团拓展课程、主题实践课程开发学习项目。

本学期，为学校设计君子课程的顶层架构，今天下午在家长的引见下与广东南方软实力研究院国香文化研究中心主任和暨南大学中华文化大讲堂特聘讲师王老师会面，畅谈中国传统文化及学校的君子文化内涵。拟在高二开设"和雅君子，国香学堂"选修课。

盛世传香：中华文化正在复兴与回归，国香课堂传承中华传统儒家思想君子文化，学习国香文化内涵中的和文化、敬文化、礼文化、雅文化，以"仁、信、忠、敏"为道德追求，修习君子之容、君子之德、君子之学、君子之趣。

君子四雅：品香茗茶，插花挂画，在味觉、嗅觉、触觉、视觉中感受东方韵味的生活美学。香为君子四雅之首，体验同源于神农尝百草的和香之妙，修炼心性，醒神益思，愉悦心情，开启智慧，崇德向善，提升人文素养与审美能力、动手能力，树立文化自信，涵养和雅君子特有的文化与气质。

天河区校长高研班作业——关于天外新闻联播课程的调整

2019年6月11日

观点：赞同

原因：课程的发展是动态的，基于时效性和实效性开设课程，传承中创新。

措施：播放《新闻综述》《诗词大会》《羊城时政论坛》和专题片《感动中国的人物》，校园增设《读报专栏》《时评专栏》，食堂安装电视进行新闻播报。

感悟：建立动态的课程观。课程的动态性指师生交互界面的课程展现共时动态和课程推进过程的历时动态。由教师的言行而展开的动态课程的内容是多元的，不仅涉及各种学科知识，而且包括教师课程教授活动中的言行、思维方式、思想品德、行为规范，以及师生、生生之间的课堂交互活动等。动态多元的课程观可以有效地整合传统的课程和教学理论，整合教养、教育和发展等教育指向的各个方面。新课程观念下的课堂教学也是一种非预设的动态生成过程。

天河区校长高研班作业——关于德育工作现状及改进措施的思考

2019年7月11日

今天上午到欧阳班长的学校参加"天河区中小学德育现场会"的筹备会议，今年的主题是"正面教育"。关于德育工作的感悟：

现状：德育工作疏于德、弱于体和美、缺于劳，存在"软、浮、虚、乱、散"问题，缺乏实效性。

如何改进：关注学生的需求；处理好关系；科学的工具和方法；班主任的自组织中专业成长。

天外的微改进：

（1）德育工作聚焦师生的真实问题；

（2）通过"自主、体验、成长"的路径润物细无声的渗透。

天河区校长高研班作业——关于天外校医聘任工作的思考

2019年3月25日

今天下午接待来自南宁市政府的参事，进校调研校医聘任事宜。刘华参事对广州市天河区以政府购买服务形式面向社会公开聘任校外医务人员为学校兼职校医的举措点赞。

目前，天河区按照学生、校医600：1标准配备。各学校所聘兼职校医经费，由市教育局按每人每年拨付给社区医疗机构，再由机构支付给个人，经费做到专款专用。天河区教育局面向社会招校医，反映了教育局有责任担当意识，履行了职能部门的职责，也为学校解决了问题。事是好事，如何提高校医的管理水平向管理要效益也是值得思考的问题。

反思一：管理效益的问题。我校虽然只有1300人，但因为是寄宿制学校，需要校医值守夜班，所以校内多聘任了一名初中级职称的校医。三人共同承担工作，但因为只有1人有开处方药的资格，学生有稍微严重的伤害和疾病，学校都会立刻转诊，兼之学校学生整体素养比较好，所以出现的问题不多。岗位超编，任务不重，容易让人形成懈怠。解决措施：需要通过交流和提出明确要求，提升校医们的能动性和积极性；三人分工细化，既有各自负责的任务又要体现共同体建设，分工不分家；动员临聘校医加入公会，培养归属感；给予校医学习、进修等各种有利于职称评定的机会。

反思二：建议寄宿制学校可以像配备校医一样配备营养配餐师和专职或兼职心理健康教育教师。作为完全中学，天外目前没有专职或兼职的在编心理健康教师，而是在共享教育局购买的晴朗天心理服务机构的服务，每周可以有一天下午及晚上进行个体心理辅导。与此同时，学校应积极争取面向社会招聘1-2名专职心理健康专业的老师，以满足目前学校发展的需求。

天河区校长高研班作业——关于正面教育的道与术的思考

2019年10月27日

昨天参加"天河区中小学德育工作会议——正面教育专题",听课、经验分享、专家点评,一系列活动持续了近三个小时。与会人员均表示受益良多,正如吴校长对正面教育活动的点评:"正面相遇,接受正面教育,分享了德育创新的正面成果,留下了对天河德育的正面印象,由衷发自内心的正面感受。"正面教育原称正面管教(Positive Discipline,简称PD),又称"积极的引导"或"正向教养力",是在阿德勒心理学基础上创建的帮助父母更好的陪伴和引导孩子成长的体系,旨在给予孩子"和善而坚定"的陪伴。这是对正面教育的最初理解。今天通过吴校长提出的系列"正"的阐述,我们加深了对"正面教育"的内涵理解。

"正面教育"应该对孩子的教育有"正面的认识",应用"正确的方法",在"正确的时机"通过"正确的渠道"帮助孩子成就"正直的品格"。其本质是"正向思考""正向教育",它不仅是一种方法、一种工具,更是一种理念、一种思维模式。我更愿意把它视为"道"而非"术",仅为"术",太单一和狭窄,正如叶圣陶先生所说的"教学有法,教无定法,贵在得法"。在教育的领域,我觉得可以百花齐放百家争鸣,多样态的存在才会有融合、创新和发展。

天河区校长高研班作业——关于山长讲坛思考(一)

质朴中显现真情 真情中透露智慧

2019年4月1日

发挥人·成就事·以达标 澳门化地玛圣母女子学校 刘丽妹

(一)学习点

教育有社会背景和历史背景。教育存在于特定的历史与社会背景中,并受其特定的背景网络的支配。

(1)发挥人:不同价值观和文化背景的成员统一,形成共同体;教师是学校教育的文化担纲者；让老师在家人面前有尊严地生活；校长负责争取资源，秉持"你们向前打仗我做好后勤保障"的理念；"敬以守礼"本身就是校园文化和隐性课程；不给老师添乱；实施分布式领导。权力和具体的治理机制分享在团体成员之间，同侪政治应该think positive，它是润滑剂。同舟共济（create fellow in the same ship），沟通性实践（communicative practice）。

（2）成就事：学校所有的事情都是课程，联课活动。

（3）以达标：环保、平和、喜乐、纯朴、聪明的头脑，温暖的心。

（二）感悟点

（1）发挥人其本质是尊重人、依靠人、发展人，因为人是最大生产力。分布式领导其本质是民主管理，发挥教师主观能动性，让教师参与管理。表面是自上而下的权力分散了，但达到了自下而上的集中参与效果。

（2）不添乱就是最大的支持。老师们需要耗费不少的时间和精力去做好教育。有时家长们的一些出于关心自家孩子的行为，很有可能会给老师添乱，帮了倒忙。不管是对学校一切事物锱铢必较的家长，还是刻意迎合奉承老师的家长，他们的"面孔"虽有冷有热，有的咄咄逼人，有的彬彬有礼，但一双双太过关注孩子的眼睛里，投射出的其实都是对学校教育的不信任和对老师的不尊重。究其原因，是家长在代替孩子追求个体利益最大化，而这种个人利益最大化的实现同时是在侵占他人的利益。这些家长是把"精致的利己主义"——那种成年人在职场上的"丛林生存法则"，粗暴地搬到了校园和课堂，为家校关系出了一道道棘手难题。紧张的家校关系之下，最后受伤的肯定是孩子。但愿每位家长在护犊之余，都有一份清醒的自省，不过度干涉，还老师以师道的尊严。

（3）礼仪文化是校园文化重要的组成部分。校园礼仪一直是社会所关注的问题，也体现着学校的文化涵养，它对实现德育创新、促进学生道德内化有独特的优势。校园礼仪包含课堂礼仪、课外礼仪、宿舍礼仪等，是学校隐性文化的一部分，弥散在师生相处之中，无处不在无时不有，默默传播着某种规范、思想和价值标准。潜移默化地影响更胜于强制的道德说教，正如澳门化地玛圣母女子学校理念中"敬以守信礼"传播的"爱"文化，形成了具有学校特色的场域精神。

天河区校长高研班作业——关于山长讲坛思考（二）

结构与功能相适应的规律

2019年4月2日

"结构与功能相适应"是生物学基本观点之一，也是初中新课标中要求学生形成的观点。如在水生哺乳动物的前肢的退化上，海豚和鲸鱼为了更适应水中生活，前肢已经退化成类似鱼类的鳍状结构。语文应用文写作教学也会遵循此规律。如根据特定功能调整和优化结构，或根据特定结构调整和改变功能，使结构与功能相互适应，从而产生最高的价值。

在本季的"山长讲坛"，讲坛活动的精心安排充分体现了"结构与功能相适应"这一规律。"山长讲坛"的议程安排是活动的主体结构，形式多元且内容丰富。一是在结构上进行了平面拓展，充分考虑了时代背景中的港澳元素，使内容展现跳出地域固有的惯性，拓宽了视野，功效显著。二是在结构上进行了立体拓展。立体拓展是将平面拓展重叠交叉起来，建构起立体交叉的框架。论坛聚焦同一主题，从多角度进行分析和深入，加大思维跨度，弥补单向思维没有涉及的空白，更好地帮助听众发现、理解和思考。三是发散。发散是指由一点向四周辐射的开放式思维方式，即对一个问题从多个角度引出思路。既要从宏观上做全方位的考虑，又要从微观上找出各个零散的无系统的思考方向之间的有机联系。如写关于"如何扩大产品销路"的文章，就可围绕"如何"二字引出"运用科学管理""提高员工素质""加速品种更新""改善广告方式""做好售后服务""开辟国外市场"等多条辐射思路，然后再对各个思考方向之间的内在联系加以考察。这样就可以，健全文章的结构，丰富文章的内容。

天河区校长高研班作业——关于山长讲坛思考（三）

教育的勿忘和勿助

2019年4月3日

勿忘：建立连接，有效的教育基于和谐的师生关系。人的一切活动都处于一种特定的关系之中，关系制约着人的活动方向，良好的师生关系是课堂教学

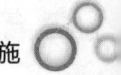

的保障,是教育效能产生的关键,既是教育的结果又是教育的手段。

勿助:不揠苗助长。现在的教育有两个问题比较突出,一个是"急",一个是"贪"。急就是"急功近利",容易导致"舍本逐末"。假如你把一个蛋放在咸水里面,请问它会变成什么?咸蛋。你把它放在甜水里面,它会变成什么?你不用急,它迟早就变了,自然而然。假如今天你煮饭,饭还没熟,你就老是看熟了没有,最后怎样?煮不熟。所以古人才有"绳锯木断,檐滴石穿,水到渠成,瓜熟蒂落"这些"慢"和"等待"。想快,反而适得其反。欲速,想要真正快一点帮助孩子,反而与目标愈离愈远。这就是我们现在的父母、老师明明比以前的父母、老师努力,得到的教育效果有时反而更差的原因。我们还是应该遵循这些智慧来做,从本做起,从遵循规律做起。

天河区校长高研班作业——关于山长讲坛思考(四)
静,因灵性而充沛
2019年4月4日

习近平总书记在《之江新语》中有一篇文章叫《做人做事要力戒浮躁》。这篇文章里习总书记引用了《大学》里的一句话:"知止而后有定,定而后能静,静而后能安,安而后能虑,虑而后能得。"明确目标然后才能志向坚定,志向坚定然后才能镇静不躁,镇静不躁然后才能心安理得,心安理得然后才能思虑周全,思虑周全然后才能有所收获。

在我国的传统文化里,老子教我们要"静":致虚极,守静笃;重为轻根,静为躁君;轻则失根,躁则失君。佛家里也有类似的智慧,叫"戒定慧"。修戒——完善道德品行;修定——致力于内心平静;修慧——培育智慧。戒定慧三学是次第的关系,即循序渐进的关系。先要完善自己的品德;有了品德,就应尝试让自己的心平静;内心平静了,应进一步提升智慧。其实,"静而后能安,安而后能虑,虑而后能得"这句话就是有定才能生慧。人要有定力,万千纷扰都能放下,达到心安的状态,人才能升起智慧。如果你的心不安,就容易错乱,为人处事就会进退失据,方寸大乱。什么是方寸?心就是方寸,方寸大乱的时候,心不能安,一个人的智慧都丢了,就容易说傻话,办蠢事，就是进退失据。说易做难，慢慢修正、修炼、修行吧。

做有品行的行者，育有品质的学生，办有品位的学校。

台湾研修之行的总结

广州市天河外国语学校　陈迪

12月4日上午，"广东省新一轮百千万人才培养工程名师培养对象赴台研修"的启动仪式在华南师范大学基教院隆重举行，专家班、高中文科、理科名教师培对象共73人在华南师范大学基础教育培训与研究院的黄牧航团长及其他班主任的带领下前往台湾研修考察。

赴台前，我们曾在黄院长的发言中多角度立体化地初步了解了台湾。黄院长把本次的研修定位为"教育之旅""文化之旅""友谊之旅""交流之旅""磨砺之旅""心灵之旅"，并对不同的定位进行了详尽的阐述。研修期间，我们在台湾行走了1900多公里，参访了11个市县的4所大学、10所高中、1所女子中学、1所私立学校、2所小学，聆听了12个专题讲座，观察了20多节课的教学现场，16人次与台湾教师开展了同课异构，深入了解了台湾的文化和教育，总结如下。

（一）"空杯"而来方可"启灵"而归

古时候一个佛学造诣很深的人，听说某个寺庙里有位德高望重的老禅师，便去拜访。老禅师的徒弟接待他时，他态度傲慢，心想：我是佛学造诣很深的人，你算老几？后来老禅师十分恭敬地接待了他，并为他沏茶。可在倒水时，明明杯子已经满了，老禅师还不停地倒。他不解地问："大师，为什么杯子已经满了，还要往里倒？"大师说："是啊，既然已满了，干吗还倒呢？"禅师的意思是，既然你已经很有学问了，干吗还要到我这里求教？来者急忙叩谢悔过。据说，这就是"空杯心态"的起源。

什么是空杯心态？每一个人要想应对时代和环境的变化，必须随需应变。而以变应变，就要求我们具有空杯心态。空杯心态是一种挑战自我的永不满足，随时对自己拥有的知识和能力进行重整，清空过时的，为新知识、新能力的进入留出空间,保证自己的知识与能力总是最新;空杯心态就是永远不自满,永远在学习,永远在进步,永远保持身心的活力。这让我想起红塔集团"山高人为峰"的企业理念,其中就蕴涵着红塔人不断"寻觅更高的山峰"的空杯心态。在攀登者的心目中,下一座山峰,才是最有魅力的。攀越的过程,最让人沉醉,因为这个过程,充满了新奇和挑战,空杯心态将使我们的人生不断渐入佳境。空杯心态是对自我的不断扬弃和否定,是忘却成功,学习变化。

我们需要用空杯的心态去重新整理自己的智慧,去吸收现在的、别人的、正确的、优秀的东西。如果不去领悟,不去感受,不去学习,仍然高枕无忧地躺在过去成功的经验之上,那将是骄傲自满、故步自封的结局。

(二)台湾教育总体印象

(1) 尊儒重教,家校合一。台湾社会比较注重弘扬中华传统文化,教育领域更为突出。台湾民众对外交往十分广泛、友好、热情,待人接物非常注重礼仪、风度、文明。各学校在办学宗旨上,常常十分突出"复兴中华文化,弘扬中庸之道"。台湾地区整个基础教育,从教材到教学设施,所有的学校都十分强调中华传统文化,尤其是"孔孟之道"。台湾教育的一大特色是:家长参与学校重大活动,关心资助学校发展。所有学校都成立家委会,其历任会长写入学校史册,家委会协助校务推展、资助贫困学生与资助办学等。会长们对学校充满真诚和热情,对校长、教师满怀尊重与崇敬,学校非常重视发挥家长作用,家校联系十分密切。

(2) 基础教育:以人为本,弘扬传统。台湾的学校教育分为四个阶段:幼稚教育,义务教育(小学、初中),高级中等教育(高级中学和高级职业学校),高等教育(专科、独立学院、大学、研究所)。从办学主体看,基本上分为公立、私立、佛教办学,其教育理念均具有简单行为化的特点,易于养成学生的行为习惯、道德操守,表现出较好的传统文化积淀与现代人文素养。台湾的基础教育非常重视学生独立人格和生活能力的锻炼与培养。

(3) 品格教育:目标明确,触手可及。德育是学校教育中的首要环节,因此,了解台湾品德教育和学生的养成教育的途径、方法和成效也是本次赴台学习的重要议题。台湾德育的宗旨所示的内涵是"德、智、体、群、美",追求以人为本的德育理念，并在德育行为中处处彰显这一理念。台湾过去把学校德育称为"道德教育"，但教育界认为这一表述颇有政治色彩，近年演变为"品格教育"，即包含人品、道德与人格等。用品格教育这一称谓可趋向于德育的生活化，还其人本来应有的品质，如关怀、公平、尊重、责任、感恩等，把品格教育看成是学校生活的一种方式。

（4）教育去功利化。教育应是发展人，通过教育使每个人得到最大化的发展，而不是把人当工具培养。教育去功利化不只是教育管理者、教育工作者、受教育者的事情，而是每个人的事、每个家庭的事、全社会的事。教化育人，人格健全是内在最大的发展力，开拓知识视野，释放个人心智，增进个体才能，从而进一步提升整个社会的生命力。教育应强调认同与尊重，让学生自我建立，打破教育的形式主义，调整无意义的教学形式。

（5）校训是一个学校的灵魂。引用李东风的博文如下：

"大学除了校名、校门、校徽、校歌外，还有个校训。校训体现了一所学校的办学传统，代表着校园文化和教育理念，是人文精神的高度凝练，是学校历史和文化的积淀。校训有着深厚的文化底蕴，它可以体现出一个大学良好的精神风貌、优良的学风、先进的办学理念和教学方针政策，甚至是学校的文化背景和氛围。"

从校训看大学的差异。西方大学多提及真理、智慧，东方大学多提及勤奋、严谨。老学校的校训多与名人有关，个性鲜明，深刻，而新学校或地方院校则雷同化高，缺乏内涵创意。

台湾和大陆的教育体制各异，教育的具体方法不能简单照搬或仿效，但许多理念是能够给我们以启示的。我特别欣赏台湾师范大学的校训——"诚、正、勤、朴"，既体现了古代风华，也颇具现代的视野。校训应该有自己的特色、传统。有数据显示，在教育部"211工程"大学的校训中，"求实"出现了30次，"创新"出现了28次，"团结"出现了18次，"勤奋"出现了16次，"博学"出现了13次。同质化、标语化、空泛化的校训容易造成认同度降低，感召力不足。海峡两岸，同宗同源，传统文化意味浓厚的校训往往能历久弥新。我们应为校训注入更多内涵与生命力，让其简练易记、脍炙人口、给人震撼、有亲和力。

（6）"全球化视野"的教育理念。GOING GLOBAL是不可避免的趋势，与之相配套的教学模式和学习模式也需打开全球视野，才能与全球接轨。台湾中兴大学附属高级中学（以下简称"兴大附中"），透过网络视讯的串联，让青年看见世界，无论经济条件好坏、学习成绩优劣，人人都可以和世界交流互动。学校提出"未来教育"的概念，通过"Dream Hi"未来教育概念展、全球青年高峰会议等活动培养学生的思考判断能力、创造能力和社会技能，提升学生对于生态环境的保护意识，加强学生对不同文化的了解，使其成为具有全球视野的世界公民。兴大附中通过网络视讯方式，串联起全球知识网络，学生不必踏出校门，就能够与全球40多个国家互动交流。通过观看全球互动视频，我们了解到兴大附中进行国际交流的频繁和高效。学生与美国匹兹堡国际事务组织联机，讨论全球重大议题，如埃博拉病毒、反恐、跨国人口贩运等，了解并尊重多元文化。为拓展学生的国际视野，兴大附中提出创新教学三步骤，即INSPECT、INQUIRY、INTEGRATE，师生做好这三步后是TAKE ACTION。兴大附中的视讯课程不仅涉及的领域广，还有跨领域、跨专业的整合，从全球新能源革命、模拟法庭到医学院课程，为学生提供多元学习资源。兴大附中作为一所普通高中，有前瞻性意识，办学视野宽广，其转动台湾让青年看见全世界的理念值得我们学习，对我们高中职业生涯课程具有很大的启发。

（7）图书馆是人类文明的结晶，一本好书相当于一位好的老师。随着娱乐方式的多样化、阅读方式的多元化，纸质图书需求大不如前。在图书阅读留给我们一个渐行渐远背影的时候，对图书馆建设的重视体现了社会对于文化的坚守，这种坚守的精神是可贵的。如果每个人都能够有效地利用图书馆的话，教育问题就不会这么严重。在高雄师范大学图书馆我感受到浓浓的人文关怀，于细微处见文明。由于我平时在学校主要负责教育教学管理工作，图书馆的建设正是我的工作职责范围，参观后我的理念得到了提升。在信息时代，图书馆需要发展的不一定是实体图书藏书量，而是需要向社会传达一种理念：敬畏阅读，享受阅读。图书馆应创设适于阅读的空间和服务，向读者传达对其精神追求的支持。

无论世界怎么变化，无论生活怎样变迁，有一种精彩不应该消失。文化和阅读，书香和汉字，永远是我们的灵魂，无论娱乐的载体如何丰富，我们都应为坚持纸质阅读的身影敞开一扇门。

台湾之行，学满而归。且行且看且思，收获满满。务实的教学理念、教学实践，开放、包容的传统文化，善良温婉的台湾同胞，琳琅满目的街头美食，优秀随和的学友……无不在我内心烙下深深的印记，时而如春光明媚，时而如暗香浮动。

车载课堂体会

台湾之行奔走劳苦，不少时间是在车上度过的。饭店、学校、餐厅三点多线。前往学校之路，同学们养精蓄锐；进军餐厅之时，同学们欣赏市容、田野；饭饱之后，同学们进入车载课堂，或聆听团长的深刻总结，或体悟团长对导游、司机的用心安排所作的点点滴滴的说明，或欣赏教育题材的影片，当然，也有时在怀旧或乡土的音乐里各自格物致知，心有妙悟而忘之于言。

关于五个超越

在深入台湾学校课堂并有同学展开同课异构之后，黄院长（团长）高屋建瓴，告诫同学们要力争做到五个超越：超越学科、超越学段、超越区域、超越课堂、超越考试。

黄院长提出的五个超越，是对名家成因的深刻总结，是对名教师培养对象的殷切期望，也是根据名教师培养对象的实际情况提出的要求或提醒，更是对教育发展趋势把握后的前瞻性认识。

五个超越的必要性自是不必多说。我们作为名教师培养对象，要深刻思考的是如何做到这五个超越。这并非一个简单的工作，有许多事情需要完成。对于我而言，这也是个全新的课题，仅就个人思考提几点浅见供同学们参考。

一是要做一个研究者。研究各地甚至是各国的教育大纲，研究各个学段、各个学科的教学大纲、考试大纲；研究各地高考试题，研究各校高考模拟试题；研究以上几者之间的关系。

二是要做一个阅读思考者。从阅读本学科不同学段的不同版本的教材做起，把本学科教材与本学科教学大纲和考试大纲结合起来思考，找出教材与大纲之间的密切联系，找出各学段教材及各学段大纲之间的逻辑关联。在将本学科以上几者之间的关系融通之后，可以对就近的学科着手进行相应的把握，然后，根据兴趣的远近、大小，尽量对不同学科进行了解、分析和思考。

三要做一个理论学习者。思想是行为的先导，相较于知识的老化，观念的老化更为危险。知识的老化可以通过学习来弥补，观念的老化，则往往使人坐井观天，固步自封，因此，对教育观念的更新，显得尤为重要。教师应多读有关新教育理念的著作，多读走在时代前沿的优秀刊物，充实并更新教育理念。

四要做一个行动者。进入课堂，进入学生的学习。可以分析教案、作业，可以看教学视频，可以交流、调查甚至是研讨。

塞斯曾说过："每个人都在'变为'的进程里，变为什么呢？变为更是你自己！"累积经验、增长阅历、递增知识，不断提升自己、变为自己。"变为"从一定意义上说就是超越，做到五个超越，我们就能真正"变为"，达到了"变为"，我们才能成为真正的名师。

关于三类人

黄院长曾告诫我们说，四十岁左右的人大致可以分为三类，一是固步自封的，不愿意学习一切新东西，排斥一切新事物；二是自以为是的，把一切新的事物统统归为旧我，无意中甚至是有意地认为一切新事物都是对自己原有认知的证明；三是吐故纳新的，乐于善于接受新事物，不断推陈出新，主动自觉地把旧知识、旧经验从脑海里挤出去，积极而愉悦地把有用的新东西收纳进来。

学生本位 学科本色 思维本质
—— "三本"让英语回归语言教育的根本

平常在学校的科组听课活动中，往往会听到有人说，整天搞这些没用的，听来听去，还不是没有什么用，别人好的东西，我也知道好，可是就是学不来，当时有点想法，回到工作中不也是老样子？从本质上来说，很多东西只是换个名称而已，什么适性发展，不就是因材施教？什么小组合作，不就是讨论？什么探究，不就是深入思考？什么以学生为中心，不就是老师少讲点，放羊呗。

还有人说，谁上课不是那样子？公开课本身就是表演课，是当不得真的，公开课总是比平时的课要更充分，又有谁能老是按公开课那样来教学？什么小组合作、探究、学生主体，那些只是公开课才真正存在的，平时，我都是一言堂，我总觉得学生活动都是在演戏，花架子，课堂上，学生夸夸其谈，很多是不得要领，甚至是答非所问。什么研究性学习，还不是抄互联网？先学后教，其实是学生在课前上网查资料而已，在课堂上则展示一下，根本说不上什么"学"，也就基本没有效果。

以上都是不正确的认识与态度。前者在认知上只是"归旧"，已经有的知识是个框，见到新东西就往里装；不区分新旧间的差异，不去把握新东西产生的背景，不认可新东西的价值。后者在认知上，否定一切，打倒一切，由于看到了新事物存在的缺点，就不能容纳它们，更不能从实践中完善新事物。

那么，我们应有的正确态度是什么呢？

鲁迅的拿来主义可以学习和借鉴。不要一味地送出去，也不要因为是新的东西一味地排斥，更不要因为不是自己的而断然否定。一切都要基于理性地"拿来"，当然也要对一切"抛来"的东西取其精髓，去其糟粕；不要随意地给新事物贴上旧瓶装新酒的标签，不要把一切新事物贴上旧事物的招牌，不要对新屋子一味唾弃，而应该是好好装修，好好整饰；对新屋子里的姨太太也不要大加挞伐，而应该将之改造以使从新；对新屋子里的鸦片则应该送去药房供治病之用，避其所短，用其所长。毕竟新事物总是弱小的，总是要经过一个漫长的发展阶段才能长大。我们不期望一个婴儿瞬间长成大人,我们不要求一个果实转瞬成为可口的食物,我们又怎能认为教育改革所倡导的新东西一下子就该成为成熟的新产品?

一个酒瓶要装新酒必然要倒去原有的酒,一个脑袋要装进新东西也要给出新的空间。

疫情随感

我被"平凡"击中了

小人物见证大时代

平凡人发出不凡音

——致敬每一个爱岗敬业的平凡的你我Ta

每个人都认为自己即是一个世界,但是在浩瀚辽阔的宇宙中,我们只是沧海一粟,在时代面前我们只是小人物;每个人都有英雄情结,然而对于大千世界、芸芸众生,我们只是平凡人,如小草之于烂漫的春天,像溪流之于辽阔的海洋。能惊世骇俗者,能有惊天动地之壮举者,皆寥若晨星,平淡才是生活的主流,平凡才是生命的常态。平凡虽质朴,却真实且厚重,每个平凡的岗位都有其不平凡的价值,时代的每个不凡瞬间都因平凡之人的付出而发光发热。今天长达三个小时的山长论坛,我数次为各行各业平凡岗位上的不凡之举而泪目,我陷入对平凡的内涵以及对教育者的思考。我不禁心中感慨:"那些默默奋斗、孜孜前行的小人物,也是推动历史车轮滚滚向前的动力。"对于今天的论坛,我收获颇丰,感悟有三:第一,我们守土有责,守土担责,守土尽责。岁月静好,是因为许多人在替你负重前行。为人类美好的生活,各行各业都在努力付出。每个平凡的岗位都有其不平凡的价值,不管什么岗位什么职业,认真践行职业道德就是对社会、对国家的最大贡献。平凡人在危机时刻做好本职工作、尽好本分就是最不平凡的担当,疫情期间宅在家里就是为社会做贡献。我国战疫的成功是无数的平凡铸就的伟大。第二,时代呼唤正能量,时代需要正能量，时代应该弘扬正能量。如果全社会不同职业、不同角色的每个平凡人，都能够发出微光，传递家国之爱，承担社会之责，那么未来必然可期。第三，作为教育者，初心在怀，使命在肩，我们应该有什么样的思考？疫情当前，我们应该如何在国家应对突发事件的危急关头，安顿好社会的后方，让前方的勇士可以安心拼搏？师德的核心是爱与责任。线上教学就是我们朴素的坚守和担当，我们给所有的孩子爱和温暖，我们还要借疫情的教育契机引领学生对于生命、生活和生态进行思考，让他们将来也向社会传递爱和温暖。我们相信，点点萤火定能汇聚成星河，照亮夜空！